欧亚历史文化文库

总策划 张余胜

兰州大学出版社

萨都剌传

丛书主编　余太山

段海蓉　著

图书在版编目(CIP)数据

萨都剌传 / 段海蓉著. —兰州:兰州大学出版社,
2014.3
（欧亚历史文化文库/余太山主编）
ISBN 978-7-311-04426-8

Ⅰ.①萨… Ⅱ.①段… Ⅲ.①萨都剌—传记 Ⅳ.
①K825.6

中国版本图书馆 CIP 数据核字（2014）第 057869 号

总　策　划　张余胜

书　　名　萨都剌传
丛书主编　余太山
作　　者　段海蓉　著
出版发行　兰州大学出版社　（地址:兰州市天水南路 222 号　730000）
电　　话　0931-8912613(总编办公室)　　0931-8617156(营销中心)
　　　　　0931-8914298(读者服务部)
网　　址　http://www.onbook.com.cn
电子信箱　press@lzu.edu.cn
印　　刷　兰州人民印刷厂
开　　本　700 mm×1000 mm　1/16
印　　张　11.25
字　　数　157 千
版　　次　2014 年 4 月第 1 版
印　　次　2014 年 4 月第 1 次印刷
书　　号　ISBN 978-7-311-04426-8
定　　价　35.00 元

（图书若有破损、缺页、掉页可随时与本社联系）
淘宝网邮购地址:http://lzup.taobao.com

出 版 说 明

　　随着 20 世纪以来联系地、整体地看待世界和事物的系统科学理念的深入人心，人文社会学科也出现了整合的趋势，熔东北亚、北亚、中亚和中、东欧历史文化研究于一炉的内陆欧亚学于是应运而生。时至今日，内陆欧亚学研究取得的成果已成为人类不可多得的宝贵财富。

　　当下，日益高涨的全球化和区域化呼声，既要求世界范围内的广泛合作，也强调区域内的协调发展。我国作为内陆欧亚的大国之一，加之 20 世纪末欧亚大陆桥再度开通，深入开展内陆欧亚历史文化的研究已是责无旁贷；而为改革开放的深入和中国特色社会主义建设创造有利周边环境的需要，亦使得内陆欧亚历史文化研究的现实意义更为突出和迫切。因此，将针对古代活动于内陆欧亚这一广泛区域的诸民族的历史文化研究成果呈现给广大的读者，不仅是实现当今该地区各国共赢的历史基础，也是这一地区各族人民共同进步与发展的需求。

　　甘肃作为古代西北丝绸之路的必经之地与重要组

成部分,历史上曾经是草原文明与农耕文明交汇的锋面,是多民族历史文化交融的历史舞台,世界几大文明(希腊—罗马文明、阿拉伯—波斯文明、印度文明和中华文明)在此交汇、碰撞,域内多民族文化在此融合。同时,甘肃也是现代欧亚大陆桥的必经之地与重要组成部分,是现代内陆欧亚商贸流通、文化交流的主要通道。

基于上述考虑,甘肃省新闻出版局将这套《欧亚历史文化文库》确定为2009—2012年重点出版项目,依此展开甘版图书的品牌建设,确实是既有眼光,亦有气魄的。

丛书主编余太山先生出于对自己耕耘了大半辈子的学科的热爱与执著,联络、组织这个领域国内外的知名专家和学者,把他们的研究成果呈现给了各位读者,其兢兢业业、如临如履的工作态度,令人感动。谨在此表示我们的谢意。

出版《欧亚历史文化文库》这样一套书,对于我们这样一个立足学术与教育出版的出版社来说,既是机遇,也是挑战。我们本着重点图书重点做的原则,严格于每一个环节和过程,力争不负作者、对得起读者。

我们更希望通过这套丛书的出版,使我们的学术出版在这个领域里与学界的发展相偕相伴,这是我们的理想,是我们的不懈追求。当然,我们最根本的目的,是向读者提交一份出色的答卷。

我们期待着读者的回声。

总 序

本文库所称"欧亚"(Eurasia)是指内陆欧亚,这是一个地理概念。其范围大致东起黑龙江、松花江流域,西抵多瑙河、伏尔加河流域,具体而言除中欧和东欧外,主要包括我国东三省、内蒙古自治区、新疆维吾尔自治区,以及蒙古高原、西伯利亚、哈萨克斯坦、乌兹别克斯坦、吉尔吉斯斯坦、土库曼斯坦、塔吉克斯坦、阿富汗斯坦、巴基斯坦和西北印度。其核心地带即所谓欧亚草原(Eurasian Steppes)。

内陆欧亚历史文化研究的对象主要是历史上活动于欧亚草原及其周邻地区(我国甘肃、宁夏、青海、西藏,以及小亚、伊朗、阿拉伯、印度、日本、朝鲜乃至西欧、北非等地)的诸民族本身,及其与世界其他地区在经济、政治、文化各方面的交流和交涉。由于内陆欧亚自然地理环境的特殊性,其历史文化呈现出鲜明的特色。

内陆欧亚历史文化研究是世界历史文化研究中不可或缺的组成部分,东亚、西亚、南亚以及欧洲、美洲历史文化上的许多疑难问题,都必须通过加强内陆欧亚历史文化的研究,特别是将内陆欧亚历史文化视做一个整体加以研究,才能获得确解。

中国作为内陆欧亚的大国,其历史进程从一开始就和内陆欧亚有千丝万缕的联系。我们只要注意到历代王朝的创建者中有一半以上有内陆欧亚渊源就不难理解这一点了。可以说,今后中国史研究要有大的突破,在很大程度上有待于内陆欧亚史研究的进展。

古代内陆欧亚对于古代中外关系史的发展具有不同寻常的意义。古代中国与位于它东北、西北和北方,乃至西北次大陆的国家和地区的关系,无疑是古代中外关系史最主要的篇章,而只有通过研究内陆欧亚史,才能真正把握之。

内陆欧亚历史文化研究既饶有学术趣味,也是加深睦邻关系,为改革开放和建设有中国特色的社会主义创造有利周边环境的需要,因而亦具有重要的现实政治意义。由此可见,我国深入开展内陆欧亚历史文化的研究责无旁贷。

为了联合全国内陆欧亚学的研究力量,更好地建设和发展内陆欧亚学这一新学科,繁荣社会主义文化,适应打造学术精品的战略要求,在深思熟虑和广泛征求意见后,我们决定编辑出版这套《欧亚历史文化文库》。

本文库所收大别为三类:一,研究专著;二,译著;三,知识性丛书。其中,研究专著旨在收辑有关诸课题的各种研究成果;译著旨在介绍国外学术界高质量的研究专著;知识性丛书收辑有关的通俗读物。不言而喻,这三类著作对于一个学科的发展都是不可或缺的。

构建和发展中国的内陆欧亚学,任重道远。衷心希望全国各族学者共同努力,一起推进内陆欧亚研究的发展。愿本文库有蓬勃的生命力,拥有越来越多的作者和读者。

最后,甘肃省新闻出版局支持这一文库编辑出版,确实需要眼光和魄力,特此致敬、致谢。

余太山

2010 年 6 月 30 日

目录

1　引言

　　古徐州形胜,消磨尽、几英雄。想铁甲重瞳,乌骓汗血,玉帐连空。楚歌八千兵散,料梦魂、应不到江东。空有黄河如带,乱山回合(又作"起伏")云龙。汉家陵阙起(又作"动")秋风。禾黍满关中。更戏马台荒,画眉人远,燕子楼空。人生百年寄耳,且开怀、一饮尽千钟。回首荒城斜日,倚栏目送飞鸿。

　　在《毛泽东手书选集》第 10 卷中,我们可以看到他曾先后两次用毛笔书写了萨都剌的《木兰花慢——彭城怀古》(见图 1-1、1-2)。1949 年 2 月 15 日,南京解放前两个多月,毛泽东在《四分五裂的反动派,为什么还要空喊"全面和平"》一文中写道:当时国民党四分五裂,蒋介石不得不"引退"到幕后去,代总统李宗仁在石头城上所能看见的东西,就只剩下了"天低吴楚,眼空无物"。文中的"天低吴楚,眼空无物",是引自萨都剌的另一首词《百字令·登石头城》中的两名句。毛泽东喜爱萨都剌的词,那么被关注的萨都剌,是一个什么样的人呢?

　　萨都剌(约 1280—?),字天锡,别号直斋,本西域答失蛮氏,答失蛮在元代指信奉伊斯兰教或有伊斯兰教家庭背景的人。泰定四年(1327)进士,与观音奴、杨维桢为同年,曾任镇江录事司达鲁花赤、江南行台掾、燕南河北道廉访司照磨、福建闽海道廉访司知事等职,晚年曾流寓浙江杭州一带。他的一生,经历了元代的兴盛和衰败的不同时期。

　　萨都剌是元代与虞集、杨维桢齐名的著名诗人,也是中国文学史上不多见、用汉语创作诗歌取得杰出成就的西域籍回回诗人。他的诗作脍炙人口,广为流传,清人邵远平在《续宏简录》中赞扬萨都剌说"所著有《雁门》等集、《西湖十景词》,至今脍炙人口"。徐釚《词苑丛谈》评萨都剌的《西湖竹枝词》说:"一时北里皆歌之。"不仅如此,萨都剌的诗

·欧·亚·历·史·文·化·文·库·

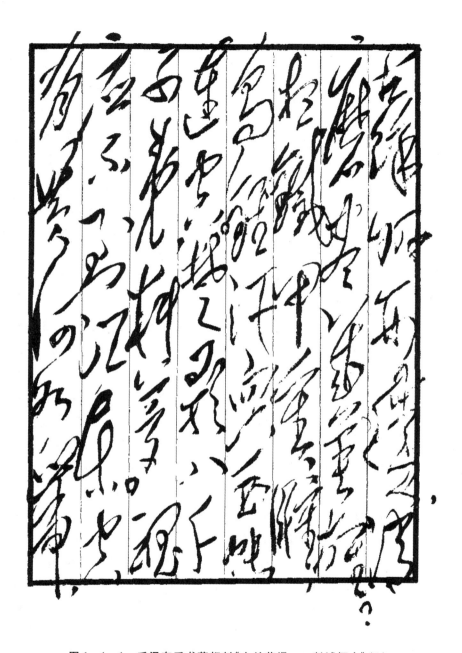

图 1-1-1　毛泽东手书萨都剌《木兰花慢——彭城怀古》(1)

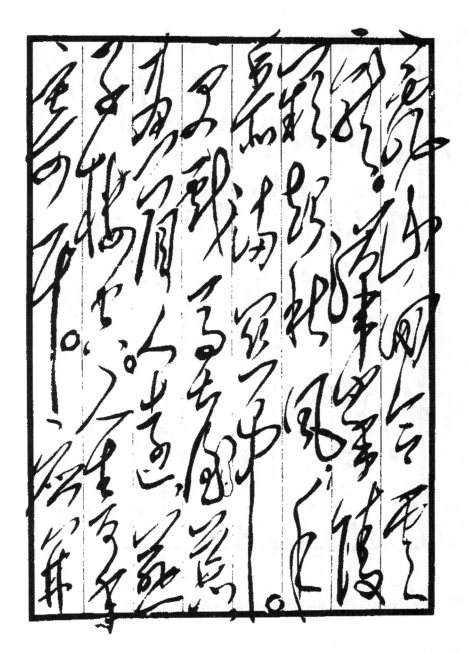

图 1 – 1 – 2　毛泽东手书萨都剌《木兰花慢——彭城怀古》(2)

·欧·亚·历·史·文·化·文·库·

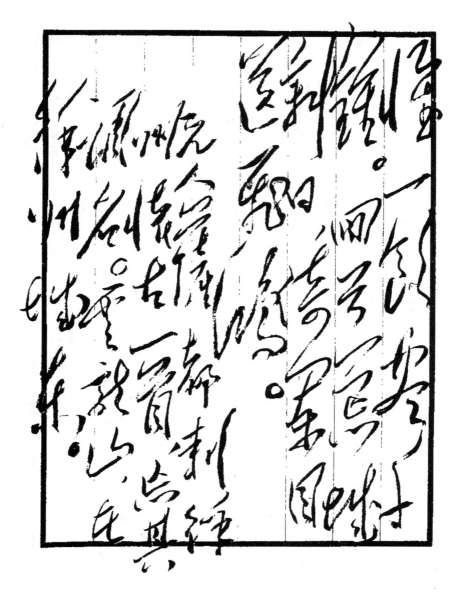

图 1－1－3　毛泽东手书萨都剌《木兰花慢——彭城怀古》(3)

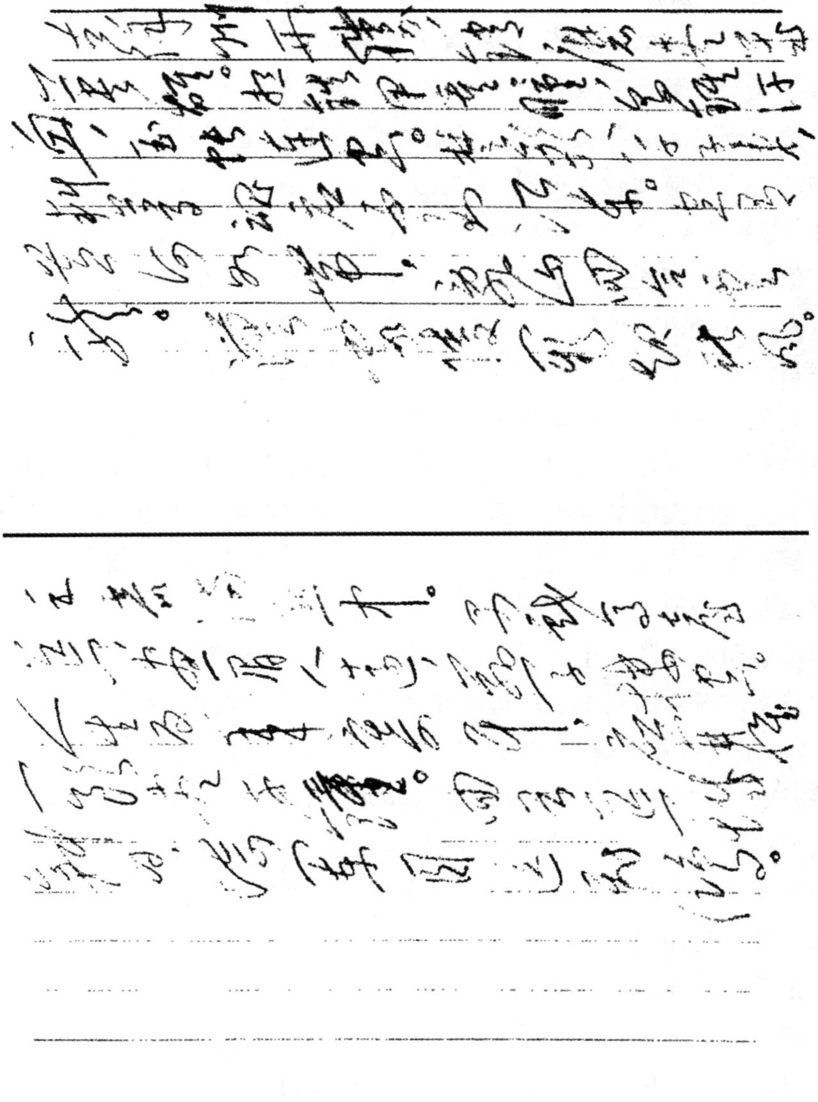

图1-2 毛泽东手书萨都剌《木兰花慢——彭城怀古》

歌创作还被后世各民族诗人纷纷仿效:南京一个叫谢宗可的诗人,有《百咏集》,基本就是仿效萨都剌的诗歌。阿鲁温氏礼部尚书哈散公的孙子掌机沙,字密卿,学诗于萨天锡,他的诗歌被誉为风流俊爽。蒙古人聂镛,字茂宣,幼年警悟,跟从南方儒生问学,通经术,善诗歌,尤工小乐章。他的诗歌音节效慕萨天锡,以宫词著称于时。

萨都剌是备受各民族人民群众喜爱的诗人,也是诗坛名流。这样人物的行迹理应被载入史册,可这位诗坛英杰的命运却与他被盛扬的诗才、诗名形成了巨大的反差。他虽举进士,又属色目人种,却一生官沉下僚,而且《元史》无传,生平不见碑传,关于他的生平,几乎一切关键资料都有异说。他的诗才在当时屡被引称,诗歌在民间广为流传,可其诗集元刊本未见,明清人刊刻编选的传世诗集中,均有大量诗歌重复见于其他作者名下。直到目前,仍然没有一部真正排除了混编入他人作品的萨都剌作品集,而且他还有不少作品散落在其传世诗集之外的文献中。传世文献的缺失和质量不佳导致了萨都剌在历史中的身影有许多模糊不清之处,探究他一生中诸多谜团形成的原因,不能不提到一个书商张习和他刊刻的萨都剌诗集《雁门集》。

雕版印刷术的诞生,极大促进了刻书业的繁盛,至明代,活字印刷、套印技术的诞生为刻书业的进一步发展提供了必要的技术条件。而明初,诸藩王以富藏书籍为荣的风气极大地推动了明代私家藏书之风的日盛,这又为书商提供了空前的销售市场。赢利的目的推动着明代私家刻书风起云涌,在所刻书籍中翻刻前人的作品最为普遍。可一味追求利润的结果就是不断有学者证明在明刻本中发现有造假书籍。就是在这样的时代环境中,张习刊刻的萨都剌《雁门集》诞生了。

张习其人我们所知不多,但不得不说的一点是在他刊刻的"明初四家集"中,张羽的《静居集》是伪造的。张羽、高启、扬基、徐贲被称为"吴中四士",这四人在明诗坛的地位相当于唐初的"初唐四杰"。张习的"明初四家集"刊刻的就是他们的集子。可是已有研究者证明张习刊刻的张羽《静居集》是将元代诗僧释英的95首诗歌收入其中拼凑而成的。确凿的证据告诉我们张习是一个有造假前科的人。张习刊刻萨都剌《雁门集》的时间是明成化二十年（1484），这本书最显著的价值：第一，它是现存萨都剌《雁门集》版本诗集之源；第二，这部诗集中保存了唯一一篇关于萨都剌生平的小序——署名干文传所作的《雁门集序》。

干文传（1276—1353），字寿道，号仁里，晚号止斋，平江吴（今属江苏）人。被举荐做了吴及金坛两县教谕、饶州慈湖书院山长。在延祐二年（1315）元代恢复科举的第一次考试中登进士第，授昌国州同知，历尹长洲、乌程二县，升知婺源、吴江两州。至正三年（1343）入朝，参与修宋史，书成，擢集贤待制，以礼部尚书致仕。

干文传与萨都剌互有来往，萨都剌作有诗《去吴留别干寿道陈子平诸友》、词《寿大宗伯致仕干公》。作为萨都剌的友人，干文传为他书写的简要生平至少在重要事情上不应屡屡出错，可结果相反，许多学者以这个小序的记载为主要依据做出的研究结果，与以萨都剌诗稿为依据勾勒出的他的生平出入频频，而且相差很大。萨都剌在历史中的身影没有随着研究的发展越来越清晰，反而越来越模糊，问题出在哪呢？

我们清理了相关萨都剌的文献研究，发现早有学者对张习刊本《雁门集》中所谓干文传序提出种种质疑。20世纪90年代更有学者提出干文传作的《雁门集序》是伪作。于是我们试着抛开这篇托名干文传序的记载，来重新梳理萨都剌的生平，发现我们期待的结果——廓清萨都剌在历史中的身影的愿望离我们越来越近。因此，我们一方面叙述因干文传序及其他文献所致的萨都剌生平的诸种疑惑，另一方面在漫长的历史中重拾并爬梳有关萨都剌的可靠文献，甚至只言片语的记载，将这些零零散散的片段重新拼接起来。尽可能澄清疑惑，为读者还原萨都剌在历史中比较清晰的身影。

本书是笔者在对萨都剌研究的基础上写成的，相关背景方面借鉴了一些研究者的研究成果。其中萨都剌生年和卒年的历史背景，主要是在导师杨镰先生《元代文学编年史》的基础上写成，萨都剌在大都和上都的行迹是在导师陈高华先生及史卫民先生的《元代大都上都研究》的相关研究成果基础上写成。本书中既有粗略的简笔勾勒，同时

·欧·亚·历·史·文·化·文·库·

为了给读者更清晰、准确地再现萨都剌其人、其事,也有对学术界争论未定相关问题的探索解决。本著所插图片,有笔者自己拍摄的,也有从网上下载的。因时间所限,没有依照学界惯例,在行文中对所参考的资料一一加以注明,而是以参考文献的形式将我们所参考的著作附于书后,为此对所参考著作的各位作者表示歉意并致以感谢!

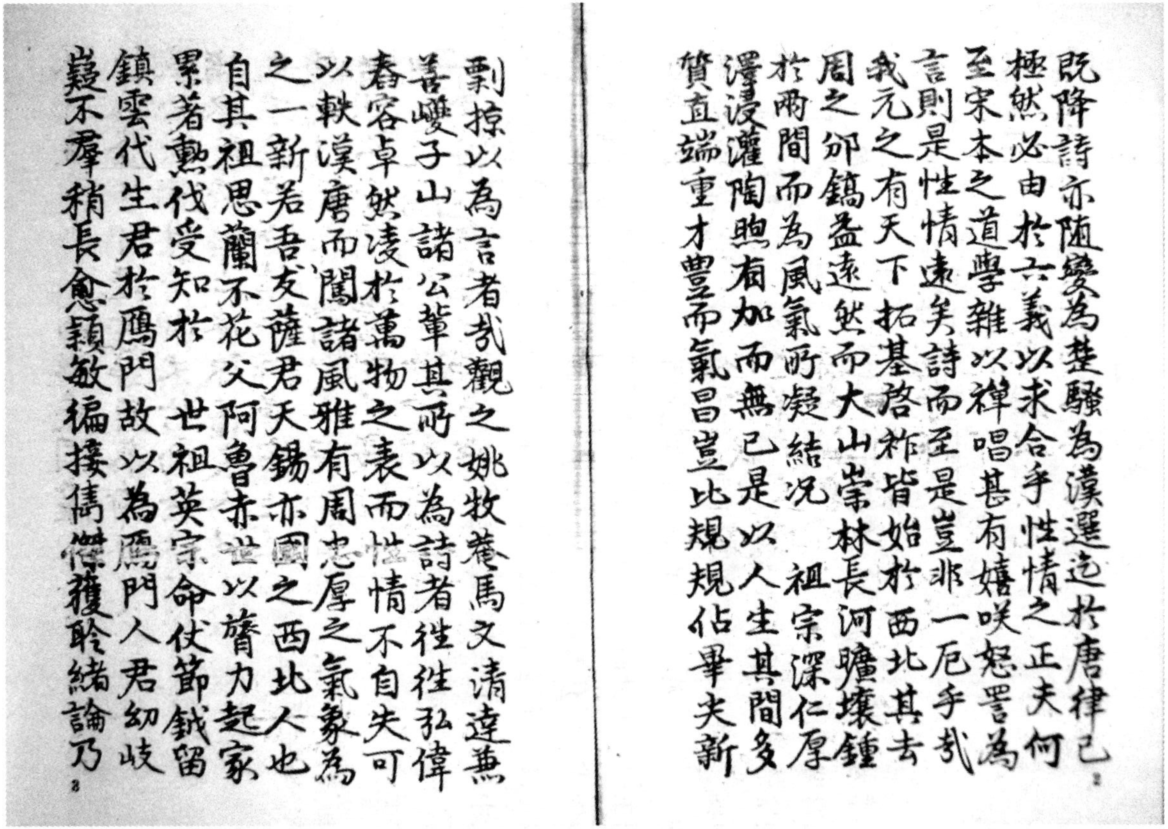
既降詩亦隨變為楚騷為漢選迄於唐律已
極然必由於六義以求合乎性情之正夫何
至宋本之道學雜以禪唱甚有嬉哄怒詈為
言則是性情遠矣詩而至是豈非一厄乎哉
我元之有天下拓基啓祚皆始於西北其去
周之邠鎬益遠然而大山崇林長河曠壤鍾
於兩間而為風氣所凝結況 祖宗深仁厚
澤浸灌陶煦有加而無已是以人生其間多
質直端重才豐而氣昌豈比規規佔畢夫新

剽掠以為言者哉觀之姚牧菴馬文清達兼
善巙子山諸公輩其所以為詩者往往弘偉
春容卓然凌於萬物之表而性情不自失可
以軼漢唐而闖諸風雅有周忠厚之氣象為
之一新若吾友薩君天錫亦國之西北人也
自其祖思蘭不花父阿魯赤世以膂力起家
累著勳伐受知於 世祖英宗命仗節鉞留
鎮雲代生君於鴈門故以為鴈門人君幼歧
嶷不羣稍長愈穎敏編接儁懷獲聆緒論乃

图 1-3 明影钞成化本《雁门集序》

2 身世之谜

2.1 萨都刺族别之谜

作为元代的一流诗人,萨都刺的西域色目出身背景,始终是一个引人注目的特点。元朝统治者为了巩固自己的政权,建立四等人制度,即将人按民族和地域划分为蒙古、色目、汉人、南人。色目的意思是诸色人等,他们主要由来自西域的诸色人种及唐兀、吐蕃等构成。但有人说萨都刺是蒙古人,有人说他是汉人,更多的说法说他是色目人。色目人中包括多种民族,他是色目人中的哪个民族,还有不同说法,萨都刺究竟属于哪个民族呢?

图 2-1 萨都刺画像

萨都刺是蒙古人,最早提出这个说法的是清代纪昀主持编纂的《四库全书总目提要》。当代学者又引录了一段口头流传于民间的一段故事,证明萨都刺是蒙古人。一位蒙古王子与一妙龄难民女子相爱,军队开拔,女子发现自己身怀有孕,但已无法找到王子,后嫁一色目军人,生下一男婴,夫妇于是带此男婴赴新疆戍守,这个男婴即萨都刺的祖父思兰不花。这个故事与萨都刺诗歌《胡桃》叙述的故事相仿:

> 武陵仙子裙如血,不肯洞中事幽绝。东风吹佩嫁西羌,生子棱棱刚似铁。道逢贾客怀故山,遣儿随客东南还。铜铃破晓广沙漠,蜡弹缄愁度玉关。瑶池阿母沉吟久,何物外孙如此丑?撇归鹦鹉不回头,欲啄何由堪下口?谁知造化无秋春,人间枯槁中清淳。请

君剖破浑沦看,会见满腔都是仁。

于是《胡桃》诗的内容就被解释成了萨都刺的家世故事。

还有人说萨都刺是蒙古人,是指萨都刺在元朝统治的社会生活中蒙古化了。萨都刺祖籍地域的变化、贵族身份的变化、政治地位的变化、生活习俗的变化和宗教信仰的变化都说明萨都刺已经蒙古族化了。

萨都刺是元代人,而最早记载他是蒙古人的记录出现在清代,这个记载不但与元代人的相关记载有矛盾,而且这个记载与《四库全书简明目录》的记载也不同。《四库全书简明目录》载"萨都拉(刺——引者)本色目人",因此纪昀主持编纂的《四库全书总目提要》的记载不足信。至于流传于知情老人口中的家世故事,因元代文献中未见相关记载,所以未被学界认可。《胡桃》一诗,借事咏物,是一首构思颇精巧的咏物诗,但除非有萨都刺写作《胡桃》故事的具体背景为依据,否则就以此为依据,断论这是萨都刺自述身世,未免草率。

至于说到萨都刺蒙古族化的问题,萨都刺随父祖入居中原,不再引称西域为籍贯,身份也由色目贵族转变成了元代的士人,在政治上成了元朝统治政权下的一名官吏,这一系列变化是在元朝统治下的社会完成的,并不代表萨都刺就一定蒙古族化了。因为元朝统治下的社会文化并不是只由蒙古族文化构成的,而是各种文化融合的集合体。萨都刺不再引称西域为籍贯,是因为其生长地已远离那里。作为元代的士人,萨都刺作品中体现得更多的是儒家文化的痕迹,这不仅反映在他的《溪行中秋玩月》诗中自称"儒有萨氏子",而且反映在他在创作中发扬"诗史"精神,创作了一系列反映现实的作品。他在元朝的统治机构中担任官职,一方面他要适应元朝的统治规则,另一方面他在镇江做达鲁花赤时,同情民生疾苦,多有政绩,应是继承了中华民族传统中的"民本思想"所致。因此在远离了祖居地后,萨都刺身上西域少数民族的特性发生了改变,将其概括为"华化"似更合适。但这种华化与其族别的变化并没有必然联系,他在思想上学习、吸收了其他民族的学说,并不能说他的族别就变了,正如我们今天接纳了美国传入的一些思潮,不能说我们就不是中国人了。这种改变只能说是西域回回的特性在他认同并接受中华传统文化思想的过程中,通过融合变成了新的民族特性。

　　萨都剌爱喝酒,这个事实成为主张萨都剌是蒙古人说法的一个共同证据。穆斯林忌酒,如果萨都剌是回回,就是穆斯林,他怎么能谈到酒一点顾忌也没有呢?忌酒这属于生活习惯,从元代的史料分析,当时穆斯林对禁酒的态度,并不是绝对化一的。例如,薛昂夫,号九皋,出身西域回鹘。丁鹤年,号友鹤山人,回回人,都多次在诗中提到酒。薛昂夫的散曲《中吕·阳春曲·隐居漫兴》(六首),每一首都以酒结尾:"樽有酒且从容","樽有酒且论文","樽有酒且醻酬","樽有酒且绸缪","樽有酒且疏狂","樽有酒且消除",饮酒成了他隐居生活的重要内容。丁鹤年的诗歌《太守兄阶下新竹数竿秀色郁然可爱索予赋诗敬制长律一十八韵》有诗句"词客题诗到,幽人载酒寻",也写到饮酒的生活内容。"太守兄"是丁鹤年的从兄吉雅谟丁,回回人,汉名马元德。萨都剌喜爱李白,李白好饮酒,萨都剌饮酒似应更多的是受李白的影响。而且常常喝酒,也并非一定是蒙古族化的表现。

　　萨都剌是汉人,是元末一位叫孔齐的人在他写的《至正直记》提到的。元末萨都剌曾漂泊于江、浙一带,孔齐为了躲避至正年间遍及江南的农民起义烽火,曾避居今浙江宁波一带,写下了《至正直记》,也叫《静斋类稿》,静斋是孔齐的号。他说:"京口萨都剌,字天锡,本朱氏子,冒为西域回回人。"陈垣先生在《元西域人华化考》中说,这个说法"正可证明萨都剌当时必自认为回回人,而人亦以回回人目之,然后可诋为冒也"。萨都剌是泰定四年(1327)进士,与他同年中举的有元代著名的诗人杨维桢。杨维桢在至正年间闲居杭州西湖时,曾发起倡导了《西湖竹枝词》的创作,前后参加的人百人以上。萨都剌作为杨维桢的同年,也参加了这场同题集咏的诗歌创作活动。至正八年(1348)杨维桢经过挑选,将这次同题集咏的创作成果选编为《西湖竹枝集》,对每一位作者,他都作了小序加以介绍。萨都剌的小序中有"泰定丁卯阿察赤榜及第"的记载。作为萨都剌的同年,杨维桢关于萨都剌及第的记载,应当是十分可靠的。元朝统治者,将其属民按民族分为四等,不同等级的人,不仅在仕途待遇上有不同,在科举考试中,也是分族命题,分榜录取。蒙古、色目人同题,汉人、南人同题,张榜时,蒙古、色目中举者在右榜公布,汉人、南人则公布于左榜。萨都剌是阿察赤为状元的右榜进士,当然不可能是汉人。

排除了萨都剌是蒙古、汉人的可能,则萨都剌是色目人无疑了。色目人主要由来自西域的各种少数民族构成,有人说萨都剌是畏兀儿,有人说萨都剌是回回,那么他属于色目人中的哪个民族呢?

元末明初有一个文人叫陶宗仪,他著有《书史会要》一书,这本书是我们了解元代文人、画家、书法家的重要原始文献。在卷7他说:"萨都剌字天锡,回纥人。"回纥是唐朝初年维吾尔出现于汉文史籍中的译名。因此有人据此判定萨都剌就是新疆的维吾尔族。维吾尔族曾被称为回纥是在唐朝及以前的事,大约在唐代元和年间回纥改称回鹘。元人王恽记到:回鹘,今外五(畏兀儿——引者),回纥,今回回。陈垣先生在《元西域人华化考》中也指出,在元代"以畏吾、伟兀等代表昔日之回鹘,以回回代表奉伊斯兰教之回纥"。因此提出萨都剌是畏吾儿的,是因为错把元代的"回纥"误作"畏吾儿"所致。陶宗仪在《辍耕录》卷1《氏族》中列出"色目"包括的31种民(氏)族,"畏兀儿"和"回回"分列第十和第十一,既无"回鹘"也无"回纥"。他在《书史会要》中介绍元代诸位书法名家族别时,没用"回鹘"和"回回"这两个词,但说廉希贡是"畏吾人",喜山是"畏吾人",萨天锡是"回纥人"。用了"畏吾"一词则不用"回鹘",有了"回纥"就不见"回回",从陶宗仪提到"回回"和"畏吾"的用词规律中可以看出,他应该是按元代的通例,以"回纥"指"回回",以"回鹘"指"畏吾"。因此萨都剌是回纥人,即回回。元代有一位叫俞希鲁的官员,曾在镇江(今属江苏)为官,在任期间他广泛搜集镇江各个领域的情况,后来他根据自己掌握的材料,写成了《至顺镇江志》。这本书卷16《宰贰·录事司》收录的是元代镇江录事司达鲁花赤名单。其中第16任为萨都剌,名下有注"字天锡,回回人",这可以说是萨都剌族别的最直接证据。俞希鲁的资料来源应该是他任职时看到的官方文书,因此他的这个记录应该是可靠的证据。

元人所称的回回,蒙古语称"撒儿塔兀勒",该词源于梵语 Sartna-

欧·亚·历·史·文·化·文·库·

vaho,意思是商人。这原是突厥人对操伊朗语定居商人的泛称,以后在突厥语中读作 Sartaq,后来成为蒙古语中的 Sartaul。蒙古人原以此称呼进入蒙古高原的花剌子模、不花剌和撒麻耳干等地的商人,以后逐渐用以泛称以上地区。可能是这一地区的人普遍信仰伊斯兰教,所以元代"回回"一词在很多情况下特指穆斯林。如元人王恽《秋涧集》记载"早得钦奉先命圣旨节该:斡脱做买卖、畏吾儿、木速儿蛮回回,交本处千户、百户里去者",这是宪宗蒙哥圣旨中的一句话,也是蒙元时期汉文官方文书中首次正式使用"回回"一词。木速儿蛮,是波斯语 Musulman 的音译,即穆斯林。圣旨将其与回回连称,表明此处的回回,乃是对信奉伊斯兰教诸色人种的通称。有时"回回"一词就是元人对西域不同国度、不同种族穆斯林信徒的通称。屠寄在《蒙兀儿史记》中解释说:"回回者,回纥之音转也。蒙兀西征,不暇深辩,举天山南北,葱岭东西,凡奉摩诃末(穆罕默德——引者)信徒,不以波斯、吐火罗、康居、乌孙、大食、突厥,通谓之回纥,而有不能正言,声伪为回回。"

但"回回"在元代官方或私人文献中,并不是穆斯林的专称。因为元代人对不同宗教、不同种族的认识还很有限,所以造成了概念和称呼上有一定程度模糊。当时的"回回"还包括被称为"术忽回回"的犹太教徒,信仰也里可温教的基督徒阿速人、康里人、钦察人和波斯的吉普赛人等。吉普赛人在当时也被称为诸啰哩回回,部分西域啰哩人或随蒙古西征军东来,或自行流浪留居中华。

那么回回诗人萨都剌是不是穆斯林呢?答案是肯定的。萨都剌的同年杨维桢说"萨都剌为答失蛮氏",学者们普遍认为答失蛮作为元代一个特有词汇,应该指伊斯兰教教士或信奉伊斯兰教的种落或氏族的名称。则萨都剌应是一个穆斯林的回回。

至于回回的后裔是不是就是今天的回族,结论似不能过于武断。可以说回回是今天回族的一个重要族源,但民族的流变是一个非常复杂的过程,谈到某个个体人物或家族族别的流变,除非有充足的证据可以证明。因此我们的结论只能截止到元代,在当时萨都剌是一位跻身于元代诗坛一流诗人行列的唯一一位回回诗人。

2.2 籍贯之谜

祭天马酒洒平野,沙际风来草亦香。白马如云向西北,紫驼银瓮赐诸王。

牛羊散漫落日下,野草生香乳酪甜。卷地朔风沙似雪,家家行帐下毡帘。

这是萨都剌《上京即事》诗歌的第七和第八首。元朝实行两都巡幸制,一般每年三、四月元朝皇帝自大都(今北京)出发前往上都(今内蒙古自治区正蓝旗境内),大都则由指定的蒙古宗王代管留守机构。皇帝及随行人员大约于九月份返回大都。不少扈从的朝臣或诗人在随同前往的路程中,饱览了北国风光,留下诗篇。萨都剌的《上京即事》10首诗,就是他在金陵(今南京)任江南行台掾时,赴上都迎接新拜为江南行台御史中丞的马祖常时所写。其七、其八这两首诗给人印象最深的是他对游牧民族风俗和饮食的亲近感。这种亲近感让我们把目光投向与草原相伴、以牛羊肉为主要饮食的西域——萨都剌的家乡。来自西域的回回诗人萨都剌,他的家族是如何来到中原的呢?这还得从蒙古军西征说起。

在成吉思汗崛起于蒙古高原时,原来臣属于西辽的花剌子模在摩诃末即位后击败了西辽军队,帮助屈出律篡夺了西辽皇位。他还计划向东扩张,征服中国,建立一个世界帝国。当时占据中亚阿姆河下游的花剌子模(都城玉龙杰赤,今土库曼斯坦库尼亚乌尔根奇)算端摩诃末已成为伊斯兰世界最强大的统治者。1214年,成吉思汗在北京近郊接受金国求和时,花剌子模沙(国王——引者)摩诃末派遣的以巴哈·阿·吉剌为首的使团也晋见了成吉思汗。成吉思汗热情款待了使团成员,并倡议:"朕为东方的统治者,沙就成为西方的统治者吧。我们双方保持和平友好的关系,要让商人自由通行。"1216年,成吉思汗派使者和商队回访花剌子模。1218年春,花剌子模沙接见蒙古使者,同意

15

成吉思汗的提议,双方还缔结了和平通商的协定。但不久蒙古商队在花剌子模遇害,双方的友好协定被破坏。成吉思汗因不能容忍摩诃末的骄横行为,决定亲自率军西征,东西两大强国之间的战争爆发了。

1219年春天,成吉思汗调集诸路人马,以铁木哥斡赤斤留守漠北草原,自率大军西进,术赤、察合台、窝阔台、拖雷从行,开始西征。经过6年的战争,蒙古大军灭了花剌子模国,占据中亚河中(阿姆河与锡尔河之间)地区,并征伐阿速、钦察等部,收并了残破的斡罗思南部,占领了北高加索一带及里海港口苏达克。成吉思汗命长子术赤留驻钦察地,以回回人牙老瓦赤总督中亚一切军政事务。

1234年,太宗窝阔台召聚诸王大会,商定各宗室长子和各级那颜长子都率军出征,西讨钦察、斡罗思等国,后来称为"长子出征"。参加出征各军都听从术赤次子拔都调度,察合台子拜答儿、窝阔台子贵由、拖雷子蒙哥等均率军西行。1235—1242年,蒙古军队大败钦察、阿速和斡罗思诸部,拔都和大将速不台所率军队一直推进到孛烈儿(波兰)和马札儿(匈牙利)。因蒙古军在今捷克一带遇到顽强抵抗,又值窝阔台汗去世的消息送到,大军回师。拔都本人与本部留守钦察草原,后来建立了钦察汗国。

1252年,蒙哥即位的第二年,在决定遣忽必烈征大理的同时,议定由蒙哥弟弟旭烈兀率军西征素丹(又译苏丹)诸国,塔塔儿部人撒里等出征身毒(印度)和怯失米儿(克什米尔)。第二年夏季,旭烈兀率领从蒙古各部中签发的出征军,出发西行。蒙古军降服了波斯的木剌夷国,在休整准备后,1258年攻占报达(巴格达),哈里发谟斯塔辛家族率众投降,蒙古军处死哈里发家族,黑衣大食(阿拔斯朝)灭亡。蒙古军在进占苫国(叙利亚)京城大马士革后,受到密昔儿(埃及)援军的反攻,退出苫国境。后旭烈兀留居贴必力思,以伊朗征服地为基础,建立起伊利汗国。

韩儒林先生在《穹庐集》中说:"成吉思汗把东西交通大道上的此疆彼界清除了,把阻碍经济文化交流的堡垒削平了,于是东西方的交往开始频繁,距离开始缩短了。"

16

蒙古西征几乎扫除了丝绸之路上一系列大小政治实体,丝绸之路被延长为东起大都向北起于和林,向西一直可达欧洲中部的通道。伴随着蒙古西征的成功,大量的西域各民族人士东来内地,其中西域军人随蒙古西征军东返,是一次规模极大的移民活动,萨都剌的祖辈似应就是行走在浩浩荡荡东迁西域军人中的成员。蒙元时期入华的回回,其原居地非常广泛,大致如下:

于阗(Khoten),也叫斡端,就是现在新疆的和田。原附属西辽,蒙古西征到此,脱离西辽统治,归顺蒙古。

喀什噶尔(Kachgar),或称可失合儿,即今新疆的喀什。蒙古西征时,为西辽占据。蒙古攻下此地,当地人脱离西辽,归顺蒙古。

柯散(Kasan),又称可散、可伞,位于费尔干纳北部。1216年蒙古大将哲别率军到达楚河一带,柯散长官曷思麦里率全城投降。

昔格纳黑(Sughnaq),位于锡尔河以东,原属花剌子模国河中地区。1219年术赤率蒙军攻破此城。

讹迹邗(Uzgand),位于锡尔河流域,原属花剌子模国河中地区。1219年被术赤率蒙军攻破。

可失纳思(Ashnas),位于锡尔河流域,原属花剌子模国河中地区。1219年被术赤率蒙军占领。

巴纳克忒(Banakath),也称费纳客忒,位于锡尔河上游。1219年蒙古阿剌黑那颜攻克此地。

忽毡(Khodjend),也叫苦盏、忽缠、忽禅、忽章等,位于锡尔河畔。1219年成吉思汗率蒙古军占领这个地区。

柯提(Kath),位于阿姆河右岸,原属花剌子模领地。1219年被术赤、察合台攻占,后来此处属察合台汗国辖地。

兀提剌耳(Otrar),也叫讹答剌、兀答剌儿,位于锡尔河北岸。1219年被蒙古军队攻克。

怯失米儿(Kishmier),也叫乞迷耳、乞失迷等,即今克什米尔。哲别曾率蒙古军队攻掠此地。

赛兰(Sairam),也叫赛蓝,位于塔什干东面。蒙古军队曾征服这个地区。

撒麻耳干（Samarcand），也叫寻思干、挦思干、邪米思干、薛米思干，位于阿姆河与锡尔河之间，原是花剌子模国属地。1220 年蒙古军队攻占此地。

那黑沙不（Nekhsheb），也叫喀而什，位于撒麻耳干西南，原是河中府属地。蒙古军队曾在此休整军队，后属察合台汗国辖地。

不花剌（Bokhara），又称蒲华、不花儿、卜哈儿等，原属花剌子模国河中府属地。1220 年被蒙古军队攻占。

养吉干（Yangjikand），位于锡尔河下游，1220 年术赤率蒙古军队占领此地。

途思（Tus），或称徒思，是波斯呼罗珊最大城市之一，在今伊朗马什哈德。1220 年速不台洗掠此地，1222 年被拖雷攻灭。

巴耳赤邘（Barkhalighkend），也叫八儿真，位于锡尔河上游。1220 年术赤率蒙古军队占领此地。

毡的（Djend），位于锡尔河畔，西近死海。1220 年术赤曾一度占领此地。

祃揟答而（Mazandaran），位于宽田吉思海（里海）南岸。1220 年哲别率蒙古军队攻克此城。

剌夷（Ray），为波斯呼罗珊属地。1220 年被速不台、哲别率蒙军攻占。

忽木（Qum），是波斯呼罗珊属地。1220 年速不台、哲别率蒙古军队攻占此地。

哈马丹（Hamadan），位于可疾云之西。1220 年被速不台哲别率蒙古军队攻占。

玉龙杰赤（Keureandje），也叫玉里犍、兀笼格赤，位于花剌子模海以南，阿姆河上游地区，是花剌子模国都城。1221 年被窝阔台率蒙军占领。

赞章（Zendjan），位于阿塞拜疆境内。1221 年速不台率蒙古军队占领该地。

乃沙不耳（Nishapur），又称匿察不儿、你沙不儿，是呼罗珊都城。1221 年拖雷率蒙古军队攻占此城。

马鲁（Meru），也叫麻里兀，位于穆尔加布河畔，是呼罗珊名城之一。1221 年，拖雷率蒙古军攻陷此城。

撒剌哈歹（Sarakhs），也叫昔剌思，在马鲁西南，是呼罗珊古城。1221 年，蒙古军占领此地。

巴瓦儿的（Baverd），也叫八瓦儿，位于撒剌哈歹与马鲁之间。1221 年，其长官阿剌瓦而思归降前来攻打的蒙古军，蒙古军队占领此城。

塔里干（Talqan），又称塔里寒、塔里堪，在巴里黑与马鲁之间，原是花剌子模国属地。蒙古西征军在这里遇到顽强抵抗达 7 个月之久。1221 年，成吉思汗亲率蒙古军占领该城。

巴里黑（Balkh），也叫班勒纥、必里罕、阿剌黑、板勒纥，是呼罗珊属地，在今阿富汗境内。1221、1223 年，两次被蒙古军攻陷。回回学者察罕等就是来自此地。

可疾云（Kasvin），位于阿勒布兹山脉之南。1221 年被蒙古速不台、哲别所占领。

八鲁湾（Parwan），在哥疾宁之东北，今阿富汗喀布尔之北。1222 年，被成吉思汗率蒙古军攻占。

哥疾宁（Ghazni），位于巴达克山西南，印度河以东，是花剌子模国属地。1222 年，蒙古军曾追击花剌子模算端札阑丁至此，攻占、屠掠这个地区。

不里阿耳（Bulgar），位于伏尔加河东岸，是中世纪名城和伊斯兰学术中心。1223、1236 年，速不台率蒙古军两次攻入此地，后来这里属钦察汗国辖地。

撒瓦（Sava），在里海南偏西，位于可疾云和亦思法杭之间。1224 年，蒙古军队曾攻占此地。

柯布（Kashan），在亦思法杭之北。1224 年，被蒙古军队占领。

木刺夷（Mulahiaa），也称木乃奚、没里奚、木罗夷等，位于伊朗北部，属亦思马因教派领地。1254 年，该地区大部分被蒙古将领乞都不

· 欧 · 亚 · 历 · 史 · 文 · 化 · 文 · 库 ·

花征服。

阿剌模忒(Alamut),位于阿剌夷山,是木剌夷酋长的堡垒。1256年,旭烈兀率蒙古军队占领此地。

兰巴撒耳(Lembesser),也叫兰巴赛耳,位于迪拉姆,为木剌夷酋长城堡。1256年,被蒙古军攻占。

泄剌失(Shulistan),也叫石罗子,波斯法而斯省都城。窝阔台、旭烈兀两次攻打此地,法而斯长官降城,后来是伊利汗国属地。

可咱隆(Kszerun),波斯法而斯省属城,在波斯湾附近。蒙古军曾经过这里。

苦法(Kufah),位于幼发拉底河之西。1258年,蒙古军队曾占领这里。

毛夕里(Mosul),位于底格里斯河岸。1258年,旭烈兀攻入西亚,这里的统治者拜尔哀丁投降蒙古。

乞里茫沙杭(Kirmanshah),位于哈马丹与八吉打之间。1258年,旭烈兀征八吉打时路经这里,攻破此城。

八吉打(Baghdad),也叫报达国、巴黑塔、八哈塔,位于底格里斯河西,即阿拔斯王朝首都巴格达。1258年旭烈兀蒙古大军攻克此城。回回建筑大师亦黑迭儿丁,学者赡思均来自这里。

马剌黑(Maragheh),也叫马拉格,在波斯乌尔米亚湖地区,1258年,旭烈兀曾以该地作为使节驻扎的地方。

帖必力思(Tabriz),位于宽田吉思海(里海)西岸,属阿哲儿拜只(阿塞拜疆)都城。1220年,速不台、哲别所率蒙古军进入这里,国主月即伯献币请和。1258年,旭烈兀攻陷巴格达后,曾选定帖必力思为使节驻扎的地方。

鲁木(Rum),位于小亚细亚。1258年,旭烈兀驻军马剌黑鲁木算端纳款迎降。

阿勒波(Aleppo),位于额弗剌特河(幼发拉底河)西岸。1259年,旭烈兀率蒙古军队攻克此城。

木发里(Moaferin),也叫茂法里,位于狄儿拜克尔(Diabkir)与谷儿只之间。1260年,被蒙古军攻陷。

大马司(Damascus),即今叙利亚大马士革。1260年,怯的不花率蒙古军占领此城。

忽里模子(Hormuz),又称忽鲁模思,位于波斯湾海岸,是元朝至伊利汗国海上登陆地。

设剌子(Shulistan),位于泄剌失和可咱隆之间。元代时这里许多人从海上东来入华。

亦思法杭(Isfahan),也叫伊思八剌纳,或亦思八撒剌儿,位于泄剌失以北。曾经是波斯古都,12世纪时塞尔柱王朝也以这里作为都城。这个地区有许多人移居泉州,元统元年进士剌马丹之祖马合谋就是来自这里。

施拉夫(Siraf),也叫尸罗夫,位于波斯湾沿岸。元代时这个地区许多商人由海上入华。

马八儿(Maabar),位于南印度东南部科罗曼德海岸。元代,马八儿与中国往来密切,其王子孛哈里两次来华,后来落户中国。

乜门(Yemen),位于阿拉伯半岛。元时乜门商人多从海路东来,并有留居泉州者。

耶路撒冷(Yerluhsaleeng),即今巴勒斯坦、以色列境内的耶路撒冷。元代时这个地区有不少穆斯林商人入华,如阿哈默德,曾在泉州建有清真寺。

密昔尔(Misr),又称密乞儿、米西儿,即今埃及。元代埃及人也有不少移民中国,如奥斯曼,曾在杭州建了一所阿拉伯医院。

刁吉儿(Tangier),又叫吊吉而,即今天摩洛哥的丹吉尔。元代时刁吉儿常与中国互有往来。

萨都剌的祖辈似就应来自上述区域的信仰伊斯兰教的地区。元代回回大规模东迁,主要是在成吉思汗灭花剌子模后。至于萨都剌家族是否也是来自花剌子模,由于文献无考,具体地区已无从知晓。

萨都剌家族入居中原后,以什么地方作为自己的籍贯呢?干文传《雁门集序》记载:其父祖受英宗之命镇守山西雁门,萨都剌就出生于

21

雁门。可令人费解的是在萨都剌传世的文字中从未见他提及雁门,更不曾说过自己是雁门人。他屡屡自称的是"燕山萨都剌"。萨都剌擅长作画,在他传世的画作《严陵钓台图》中,题款是"至元己卯八月燕山天锡萨都剌写并题于武林"。萨都剌在《夜坐赠秀才》有诗句"青原故人贫且穷,燕山野客疲且聋",在《冶城三月晦日》有诗句"江南儿女裁苎衣,燕京游子何时归"之句,"燕山野客""燕京游子"均是自指。1327年他在科举考试中中举,授将仕郎,不久以将仕郎身份任镇江录事司达鲁花赤。到任后,他将自己的办公场所题匾命名为"善堂",题款是"达鲁花赤燕山萨都剌书立"。这个令萨都剌念念不忘的生长地燕山是哪儿呢?萨都剌诗中有时自称燕山野客,有时自称燕京游子,他所说的燕山就是燕京。那么燕京的位置又在哪儿呢?辽开泰元年(1012),将析津府地(今北京)号为燕京,宋宣和(1119—1125)中改名燕山府,不久入金称燕京,元初为燕京路,号大兴府。至元初建中都后改为大都路。因此萨都剌自称的籍贯就是大都(今北京)。

有一句名言:所谓故乡,不过是祖辈漂泊的最后一个落脚点。除了未曾重返的西域,漂泊的萨都剌心中常常记挂不忘的故乡,是大都,即今天的北京。

3 年龄之谜

3.1 生年之谜

生年无法确定的古人，他的生平事迹在历史的时空中找不到相对的固定点，他的人生也就成了一种无法定迹的漂流。因此找到萨都剌人生的起点，我们才能进一步还原他的生命进程及作为。

关于萨都剌的生年后人有 10 种推算，最早是至元九年（1272），最晚是至大元年戊申（1308），前后相差 36 年，更多学者的意见倾向于在 1272 至 1290 年之间。历史上像他这样在被推算出的生年时间上有如此大差异的诗人，确属罕见。是什么导致在萨都剌生年时间这个问题上众说纷纭呢？

我们清理了这 10 种说法的依据，大致可以 13 世纪 90 年代为界，1290 年以后的诸种说法，基本依据是干文传《雁门集序》"踽弱冠登丁卯进士第"的说法。萨都剌考中进士的时间有可靠记载是 1327 年，依照《雁门集序》记载，则萨都剌生年在 14 世纪初。因为学界已认同萨都剌母亲的生年大致在 1254 至 1255 年，萨都剌是家里的长子，说萨都剌母亲 50 岁左右才生长子，实在不靠谱，所以有些学者又把萨都剌生年往前推算 10 年，于是有了以干文传《雁门集序》记载为依据，推算萨都剌生年在 13 世纪 90 年代的说法。

除了萨都剌母亲的年龄让我们感到萨都剌出生在 1290 年以后的诸种说法不可靠，还有下面的例据让我们无法相信干文传《雁门集序》"踽弱冠登丁卯进士第"的记载。明人张莱的《京口三山志》卷 4 收录了署名为萨都剌的诗歌《送长溪归金山》，全诗如下：

阿师召到金銮殿，喜动龙颜坐赐茶。三宿观堂谈般若，九重春

·欧·亚·历·史·文·化·文·库·

色上袈裟。波涛险处龙藏钵,鸿雁来时月印沙。归到江心旧禅榻,
妙高台上望京华。

《京口三山志》卷2记载"元长溪应深,至大间敕住金山寺"。这首
诗又见于萨都剌诗歌集《雁门集》(成化本)卷5,诗题为《寄金山长
老》。金山在距离镇江城7里的江中。金山寺在金山上,最高峰为妙
高峰,有妙高台。从《送长溪归金山》这个诗题和诗中内容分析,这首
诗应作于长溪奉旨后尚未回金山时,即作于至大年间(1308—1312)。
且不说萨都剌生于1308年的说法,如果说萨都剌生于公元1300年,那
作此诗时最大只有12岁,这当然不可能。萨都剌还写有《次学士卢疏
斋题赠句容唐别驾》一诗,卢疏斋,名卢挚,号疏斋,据李修生先生考
证,大约卒于延祐初年(1314),如果萨都剌生于1300年左右,则作这
首诗时,他只有十几岁,也不可能。

上述例证都可以证明萨都剌生于13世纪90年代以后的说法是不
可靠的。

再来看萨都剌生于13世纪80年代左右的看法是否接近历史事实
呢?

元曲公认可靠的文献《录鬼簿》(天一阁抄本),在"前辈名公乐章
传于世者"下共列了45位名公,萨都剌排在第37位。《录鬼簿》的编
纂者钟嗣成称他们为"前辈",主要的理由应该是这些名公年辈长于自
己。兹将可考出生年的作家及他们的生年列于下:胡祗遹(1227),卢
挚(约1242),姚燧(1238),不忽木(1255),杨果(1197),张弘范
(1238),刘敏中(1243),赵孟頫(1254),冯子振(1257),曹鉴(1271),
贯云石(1286),张养浩(1270),刘致(约1255),薛昂夫(1270),虞集
(1272),元好问(1190)。其他如杜仁杰、王和卿、史天泽、班惟志等生
年虽不能确定,但在1275年前出生无疑。这些名公,除了贯云石,都生
在1275年之前,贯云石因去世时间是1324年,在《录鬼簿》编刊时间
(1330)之前,所以即使年龄略小于钟嗣成,称他为前辈也无妨。钟嗣
成生年大约为1280年,假定他生年的误差在10岁之内,则其生年在
1275至1285年之间,那么身为"前辈名公"之一的萨都剌生年下限应

不能晚于 1285 年。我们根据学界基本认可的萨都剌母亲生年（1254—1255），假定她 20 岁时生萨都剌，则萨都剌的生年上限应是 1275 年，在 1275 至 1285 年 10 年的时间范围内，取中间数，则萨都剌的生年应大约在 1280 年。

萨都剌生于 1280 年左右，则萨母二十四五岁生长子并不违背情理；而萨都剌中进士时 47 岁，第二年去京口，在诗中常以"绿发"形容自己的年轻心态，既符合生理实情，也符合情理；他于后至元二年（1336）入闽，年龄已有 56 岁，与《到闽》诗中感叹"朔雪蛮烟总备尝，白头才到荔枝乡"和《初到闽》中"旧说榕乡好，来游鬓已丝"的描述正好相合。

萨都剌出生的年代，是蒙古大军在江南完成了与南宋最后的拼杀，完成统一江南的时期。至元十三年（1276）正月，伯颜的部将阿里海涯攻陷潭州（今湖南长沙）。伯颜率大军进驻临安（今杭州）郊外的皋亭山。面对城外的大军，南宋皇室于二月上表称臣降附。元世祖忽必烈颁布了《归附安民诏》：

> 间者，行中书省右丞相伯颜遣使来奏，宋母后、幼主暨诸大臣百官，已于正月十八日赍玺绶奉表降附。朕惟自古降王必有朝觐之礼，已遣使特往迎致。尔等各守职业，其勿妄生疑畏。凡归附前犯罪，悉从原免；公私逋欠，不得征理。因抗拒王师及逃亡啸聚者，并赦其罪。百官有司、诸王邸第，三学、寺、监、秘省、史馆及禁卫诸司，各宜安居。所在山林河泊，除巨木花果外，余物权免征税。秘书省图书，太常寺祭器、乐器、乐工、卤簿、仪卫、宗正谱牒，天文地理图册，凡典故文字，并户口版籍，尽仰收拾。前代圣贤之后，高尚儒、医、僧、道、卜筮，通晓天文历数，并山林隐逸名士，仰所在官司，具以名闻。名山大川，寺观庙宇，并前代名人遗迹，不许拆毁。鳏寡孤独不能自存之人，量加赡给。

如果把这份《归附安民诏》看作是元世祖在蒙古军队与南宋王朝之间移交杭州城的安抚政策，在这个政策颁布后的一个月——三月，伯颜率军队入住杭州城，南宋亡。南宋军队余部的抵抗此后延续了数年。

·欧·亚·历·史·文·化·文·库·

占领了杭州的伯颜将南宋政权中对社会有号召力的人物与皇室人员一起押解北上,同时将南宋"三学"——太学、文学、武学中的士子择优迁往大都。这一年春,通过运河北上的"三学"士子共99人,经过选拔,到至元十五年(1278)留在大都的只有18人,分配给他们的具体工作是担任各路儒学教授,这些人实际是宋元兴替后江南首批北上的文人群体。江南文人这种群体北上的行为一直延续到至正年间,北上的最远目的地是上都。元顺帝之前,前往上都的士人似主要是官员身份,他们基本是随皇帝的车驾北行。成批江南布衣士人或随皇帝车驾,或自己独行前往上都是元末出现的独特现象。江南文人群体北上的目的主要有两个:一是到大都或上都求学或寻求进入仕途的发展机会;二是到大都,尤其跟随皇帝前往上都,开阔眼界,丰富自己的创作。元朝实行两都巡幸制,一般每年三、四月皇帝自大都出发前往上都避暑,大约于九月份返回。全国的政治中心也随之迁往上都,来大都寻找入仕机会的北游士人们,因此又踏上了前往上都、游览北国风光的行程。与江南文人北上行为相应的是北人南下,所谓"北人",是南方人眼中的外人,包括蒙古、色目、汉人。萨都剌就是北人南下群体中的一员。萨都剌南下的目的青年时是为了经商,中举进入仕途后是因为任职所在地在南方,老了以后萨都剌选择了归隐江南。南人北上和北人南下是元代社会的潮流,许多文人在这个潮流中寻找着自己的社会位置,文化的交流和文学创作的丰富都因为这个潮流而获益极大。

作为对自己《归附安民诏》中保护宗教文化政策的延续,1277年正月,忽必烈任命江南道教正一派的领袖张宗演领江南诸路道教,二月诏令僧人亢吉祥、怜真加和加瓦并为江南总摄,掌管江南佛教。怜真加即杨琏真加,他是河西(今河西走廊地区)唐兀人,河西盛行藏传佛教,杨琏真加信奉的就是藏传佛教。从至元十四年至二十八年(1277—1291)杨琏真加负责江南佛教事务,官职从总摄到总统。在江南他的许多行为引起了江南百姓的极大愤慨。如为了扩大佛教的势力,他强行将江南的一些道观改为佛寺,让道士改为僧人。敢怒不敢言的道士们,多数虽然屈从,但在杨琏真加受桑哥案牵连被撤职查办后,纷纷设法恢复了自己的道观和道士身份。杭州西湖之南的凤凰山,是南宋宫廷所在地。至元十四年(1277)民间失火,飞烬点燃宫室建筑,南宋遗宫被焚毁。自至元二十二年至二十五年,杨琏真加主持在南宋宫室遗址上建报国、兴元、般若、仙林、尊胜五座寺院,镇南塔一座。报国寺是一所禅宗的寺院,兴元寺属于天台宗,般若寺是白云宗的寺院,仙林寺是慈恩宗寺院,尊胜寺的全名是万寿尊胜塔寺,是藏传佛教寺院。南宋时江南尤其是杭州一带的佛教社团,与南宋宫廷关系密切。其中禅宗势力最大,其次是天台宗,慈恩宗影响较小,白云宗主要在民间流行,藏传佛教则不存在。杨琏真加以5寺属5宗,使天台宗、慈恩宗、白云宗、藏传佛教与禅宗并列,尤其是引进原来没有的藏传佛教,又将原来在民间活动的白云宗抬高到官方承认的正统地位,实际起到了压制禅宗的作用。至于镇南塔的修建用心已在塔的名称上表露得非常清楚。最令江南百姓不能容忍的是杨琏真加组织人发掘了南宋皇帝的陵墓及其大臣冢墓100余所,扬尸野外,并攘夺盗取财物无数。

杨琏真加是元朝廷任命的官员,他的背后有元朝权臣桑哥的支持,伴随着杨琏真加上述行为的进行,我们发现在江南出现的一个引人注目的现象是江南出现了一个个诗社:王镃、尹绿坡、虞集等人结诗社于湖山,有诗集《月洞吟》传世。谢翱、林景熙、王英孙等人结汐社于会稽,林景熙的《西台恸哭记》,吟社成员唐珏的《冬青树》,皆为悼念宋亡所作,流传广泛。周密、王沂孙、张炎、仇远、唐珏等结吟社于越中……

改朝换代之际,秩序在重新建立,关系在重新组合,在这个新旧交替的特殊时期,在江南这个中国文化最发达的地区之一,竟是诗歌最先成为重新凝聚人心的坚韧纽带,成为士人宣泄心声的首选文体。实际上诗歌在生活中的作用,绝非仅仅是给才学之士以表达自我的特殊话语权,它对钟情于它之人的回报还包括以诗歌赢利谋生。在《东南纪闻》(卷2)中记载了一个叫朱少游的"诗客",他在街市间安放一张桌子,根据客户的要求当场作诗,卖诗为生。他是众多靠卖诗为生的"诗客"中以"精敏得名"者。《山房随笔》记载在福建三山,一位7岁儿童,在闹市中以卖诗自称。这都是南宋末年的事情。

在元杂剧的兴起中,诗歌以演化为剧曲的形式,继续在文人靠表演戏曲扬名、谋生的生活中担当着重要的角色。就在萨都剌出生的年代,著名杂剧作家关汉卿出游江南,他用套曲《南吕·一枝花·杭州景》,写下这一段游览的所见所感。诗歌在由自己脱胎而成的新的艺术表现形式——散曲的表达作用中,继续发挥着滋养人们身心的作用。在关汉卿出游江南一两年后,元代著名杂剧演员朱帘秀也出游江南。朱帘秀艺名珠帘秀,与当时著名文人关汉卿、胡祗遹、冯子振、王恽、卢挚等交往密切。冯子振作《双调·蟾宫曲·醉赠乐府朱帘秀》,卢挚作《双调·寿阳曲·别朱帘秀》,表达惜别之情。朱帘秀以《双调·寿阳曲》作答。诗曲又一次在文人的交往友谊中发挥着纽带作用。

改朝换代的元朝统治者,废除了科举选拔人才的制度,让许多受中国传统文化教育长大的读书人无所适从。在这种制度的改变中,一方面诗赋能帮助人们在科举考试中谋取功名的功利作用消失了,另一方面诗歌在人们生活中发挥多种作用的功能却日益凸显。诗作为中国古代文化具有代表性的象征体之一,它所植根的土壤不仅是政治功用,更重要的是日常生活。

萨都剌出生的年代,是诗歌在改朝换代的制度变革中保持着自己顽强的萌生力量,文人也在新旧交替之际通过选择阐释自己对生命价值理解的时代。杭州被蒙古军队占领以后,宫廷琴师汪元量作《醉歌》悼念亡国。随后在随宋王室成员北上的路上,他作了《湖州歌》记其行程和对故国的思念。10余年后汪元量从大都回到江南,改朝换代的更替已经完成,江南人的生活重又恢复"平静"。

1276年冬,南宋福建广东招抚使蒲寿庚以泉州降元。蒲寿庚,号海云,祖先是入籍中国的阿拉伯人,先世居住在广州,南宋时定居在泉州。降元后,任江西行省参赞,至元十五年(1278)移福建行省左丞,至元二十一年(1284)分省杭州。蒲寿庚的哥哥蒲寿宬号心泉,南宋咸淳七年(1271)任梅州知州,后来改调他管理吉州,他未去赴任。入元后隐居避世,用心于诗文,他的《心泉学诗稿》是宋元之际较早成集的华化西域人诗集。

1279 年，至死未降的南宋丞相文天祥被俘后被押解至大都，3 年后被杀，《正气歌》是他最后的诗作。同年江南文人程文海授应奉翰林文字，朝列大夫。程文海，字钜夫，家居建昌（今属江西）。他的叔父程飞卿降元，钜夫入为质子，后因贾似道推荐，任职翰林。在任侍御史时，曾奉命往江南搜访遗逸，举荐了赵孟頫等 20 余名江南贤才。有《雪楼集》传世。

1280 年、1281 年大儒姚枢与许衡先后离世。他们两人都是河南人，也是元世祖忽必烈即位前就跟随世祖的旧臣，姚枢为劝农使，许衡为京兆提学。忽必烈拟攻云南大理时，姚枢出计可不杀一人拿下南唐，被忽必烈采用。元初两人与窦默互相讲习经学，首开元代经学之风。许衡曾修成《授时历》。

前代士人的人生选择，可能成为后代士子学习或借鉴的目标。虽然在新旧交替的动荡年代，在历史的那一片刻，置身于其中的人们所面临的有可能是生死选择，也可能是被选择，但政治目标的不同，并不影响他们对诗歌的热爱，他们传世的诗歌，既是对他们人生的说明，也是给后世遗留的珍贵的文化遗产。

在萨都剌出生的前后时间里，还有一些与萨都剌年龄相仿的友人出生，他们是：

马祖常（1279—1338），字伯庸。家族为西域雍古族人，雍古族又称汪古、旺古、翁古。马氏家族是西域的聂思脱里贵族，聂思脱里是中世纪基督教的一个教派，也就是也里可温。辽道宗耶律洪基统治期间，马祖常的先祖归附于辽，自西域入居临洮。金崛起后，马祖常的先祖们又归顺了金，迁徙至净州天山（今属内蒙古）。入元，马祖常的父亲马润在大德五年（1301）出守光州（今河南潢川），马氏便以光州为自己的籍贯。马祖常在延祐二年（1315），也就是元代首次恢复科举的考试中，名列右榜第二，授应奉翰林文字、承事郎、同知制诰兼国史院编修官。曾任翰林直学士、礼部尚书、治书侍御史、侍御史、江南行台御史中丞、枢密副使等职，官致南台中丞。著有《石田文集》。马祖常是萨都剌参加科举考试时的读卷官。元统元年（1333）马祖常拜为江南行台

·欧·亚·历·史·文·化·文·库·

御史中丞,萨都剌以江南行台掾的身份赶往上都(今内蒙古正蓝旗附近)迎接,不巧马祖常又改任徽政院事,马祖常作《送萨天锡南归》,萨都剌作《和中丞伯庸马先生赠别中丞除南台仆驰驿远迓至上京中丞改除徽政以诗赠别》作答。

宋本(1281—1334),字诚夫,大都人(今北京)。宋本是至治元年(1321)左榜进士第一,授翰林修撰。曾任监察御史、吏部侍郎、礼部侍郎、艺文太监、奎章阁供奉学士、礼部尚书、奎章阁承制学士,官致集贤直学士兼国子祭酒。著有《至治集》。萨都剌于泰定四年(1327)中进士后,至第二年(1328)春天一直留在大都。这一年宋本迁吏部侍郎,改礼部。吏部掌管天下官吏选授之事,吏部侍郎为正四品官员。礼部掌管天下礼乐、祭祀、朝会、燕享和贡举之事,礼部侍郎也是正四品官员。宋本的官职调动属平级调动,但对萨都剌来说,他考中进士后只得了将仕郎这样一个无固定机关职守的闲散官职,因此身为吏部侍郎的宋本似应是一个对他的仕途前程有举足轻重作用的人物。萨都剌作《京师春夜呈宋礼部》,从"太平天子恩如海,亦遣余音客枕闻"的诗句分析,萨都剌呈诗给宋本,似有以诗求荐之意。从他此时呈诗的行为分析,萨都剌任镇江录事司达鲁花赤的任命可能在此时尚未下达。

张雨(1283—1350),又作张天雨,字伯雨,号句曲外史、贞居子,浙江钱塘人(今浙江杭州)。张雨20岁时弃家入道,遍游天台、括苍诸名山。30岁在茅山受大洞经箓,学道于吴人周大静。第二年随开元宫真人王寿衍入朝,当时名流如赵孟頫、袁桷、马祖常、黄溍、揭傒斯等与他皆有唱和。不久因孝亲辞归钱塘,玺书赐号清容玄一文度法师,住持西湖福真观。父亲卒,守孝3年,延祐七年(1320)居开元宫。曾主持茅山崇寿观、元符宫,至正二年(1342)提点开元宫。著有《句曲外史集》。萨都剌任职江南时,与张雨有多首唱和之作,友谊较深。

释大䜣(1284—1344),字笑隐,俗姓陈,祖籍南昌(今属江西),寓居杭州。笑隐9岁出家为僧,17岁时在庐山拜谒僧人了万,留掌内记。后从释元熙学佛理,初于湖州乌回寺为住持,迁杭州报国寺,又移中天竺,天历元年(1328)诏以文宗金陵潜邸为大龙翔集庆寺,特选大䜣住持,卒于龙翔寺。著有《蒲室集》。萨都剌在江南任职时,与笑隐互有诗词唱和。在萨都剌将北上真定任燕南廉访司照磨之职时,大䜣专门作《送萨天锡照磨赴燕南宪幕》以送行。曾受教于大䜣的亨禅师要返回江西时,萨都剌赠诗给他以送行。

除了上述与萨都剌有来往的人,还有一位年辈早于萨都剌,与萨都剌未见交往的人物陈孚(1259—1309),字刚中,号笏斋,台州临海(今属浙江)人。在宋元之交,他出家为僧,大约在萨都剌出生前后他还俗,至元二十二年(1285)以布衣身份上《大一统赋》,授上蔡书院山长,入为翰林编修,至元三十年(1293)以礼部郎中随梁曾使安南,还除翰林待制。后来因他是"南人"而"尚气",遭朝廷猜忌,出为建德路总管府治中,历任衢州、台州两路,有善政,以疾归,追谥文惠。有《观光稿》《交州稿》《玉堂稿》各 1 卷,合署为《陈刚中诗集》。在《观光稿》中有 5 首诗又被误署名为萨都剌的诗歌流传,两人诗作之间的纠纷,笔者已考证解决,这 5 首诗歌都应是陈刚中的作品。

朋友之间的交往,犹如一个气场,上述人物与萨都剌的创作、生活发生了各种各样的联系,尤其在诗名的传播上他们之间的联系起到了程度不同的相互促进作用。

3.2　卒年之谜

萨都剌的卒年也和生年一样,留下了扑朔迷离的悬念。后人据能找到的各种文献推算出他的卒年时间从 1338 年至 1359 年以后,中间有二三十年的差距,是什么原因让后人得出差距如此大的结论呢?

道园先生虞集(1272—1348)是元代著名的诗人,泰定四年(1327)萨都剌考中进士时,虞集已经在朝中担任秘书少监、翰林直学士。由于出众的学识和比较重要的地位,虞集在文坛具有文坛领袖的地位。萨都剌考中进士后,被任镇江录事长,他于天历元年(1328)七月赴镇江上任。一次在当地游览花山寺时写下《花山寺投壶》,原诗如下:

　　落日花山寺,秋风铁瓮城。野人欢讼简,稚子说官清。系马岩

31

图 3-1 虞集画像

花落,投壶山鸟惊。兴阑山下路,相送晚钟鸣。

虞集见此诗后和诗一首《寄丁卯进士萨都剌天锡镇江录事宣差》,原诗如下:

> 江上新诗好,亦知公事闲。投壶深竹里,系马古松间。夜月多临海,秋风或在山。玉堂萧爽地,思尔佩珊珊。

就在这一年虞集除奎章阁侍书学士,与赵世延领修《经世大典》。作为后进文人萨都剌对虞集的赞和念念不忘,他随后又写了《和学士伯生虞先生寄韵》和《次韵答奎章虞阁老伯生见寄》以做回应。1332 年元文宗驾崩,虞集因眼疾归临川(今属江西)家乡赋闲。顺帝至正元年(1341)年轻的诗人付若金(1303—1342,字与砺)诗稿结集,请虞集作序。回忆元代文坛,虞集写下这段话:

> ……大德中文章辈出,赫然鸣其治平,集所与游者亦众,而贫寒相望、发明斯事者,则浦城杨仲弘、江右范德机其人也。……其后马伯庸中丞用意深刻,思致高远,亦自成一家,观者无间言。而进士萨天锡者最长于情,流丽清婉,作者皆爱之,而与前之诸公先后沦逝,识者然后知其不可复得也。……至正辛巳六月朔虞集伯生序。

至正辛巳就是顺帝至正元年(1341)。虞集把萨都剌与杨载(至治三年卒)、范椁(至顺元年卒)、马祖常(后至元四年卒)相提并论,而叹惜他"与前之诸公先后沦逝",虞集序中提供的线索成为学术界推定萨都剌卒年的一个重要依据。

泰定四年(1327)萨都剌在科举考试中中举,与他同年中举的还有一位汉族著名诗人杨维桢。杨维桢(1296—1370),字廉夫,号铁崖,晚号东维子,山阴人(今属浙江)。中进士后,授天台县尹,改绍兴钱清场盐司令,因亏损久不调。至正初年,授杭州四务提举,转建德路推官。升江西儒学提举时,因避兵乱未能赴任。张士诚占据苏杭,其不赴召,浪迹于浙西山水间。杨维桢在江南活动期间首倡"西湖竹枝词"诗歌

图 3-2　杨维桢画像

咏唱活动,并于至正八年,将前后作有竹枝词的百余诗人所作诗歌加以编选、评点编成集子。凡收录的诗人大部分都作有诗人小传,萨都剌小传写道:

> 萨都剌,字天锡,答失蛮氏。泰定丁卯阿察赤榜及第,官至燕南宪司经历,卒。……

杨维桢的《西湖竹枝集序》是他在至正八年(1348)七月寄居在玉山草堂时所作,玉山草堂是昆山富人顾瑛建造的别墅,也是元末诗人活动的世外桃源。萨都剌同年杨维桢的上述记载,是学者确定萨都剌卒年的另一个重要依据。

以上述记载为主要依据,以萨都剌相关诗词为辅证,学界倾向萨都剌卒年是 14 世纪 40 年代后期的较多。可还有下列问题:在萨都剌的创作中有 3 首可以帮助我们推定他享年的:一首为《雁门集》(成化本)所收《法曲献仙音·寿大宗伯致仕干公》词,作于 1345 年;一首为《为姑苏陈子平题山居图黄公望作》诗,首句是"尘途宦游廿年余",萨都剌于 1327 年举进士,以将仕郎身份待命,第二年赴任镇江录事司达鲁花赤,则此诗应作于 1347 年以后,这两首诗的写作时间均可证萨都剌于1345、1347 年尚在世;还有一首《早发黄河即事》,萨都剌的后裔萨龙光编注《雁门集》时将此诗写作时间编排在至正十年(1350),萨龙光的依据是《元史》卷 66"河渠三"关于至正河防的相关记载。萨都剌《早发黄河即事》记叙了在"两河水平堤,夜有盗贼忧"的背景下,元朝官府"去年筑河防,驱夫如驱囚。人家废耕织,嗷嗷齐东州"的社会现实。

·欧·亚·历·史·文·化·文·库·

元朝以贾鲁为总治河防使,对黄河进行大力治理的时间是在至正十一年(1351),"七月疏凿成,八月决水故河,九月舟楫通行,十一月水土工毕",萨都剌《早发黄河即事》的写作时间是在"筑河防"的第二年秋天,则似应在至正十二年(1352)秋。萨龙光对萨都剌这首诗写作背景的分析是准确的,写作时间的确定似略有偏差。

此外明嘉靖年间萧山县令林策及其后任魏堂主持编纂了当地的县志《萧山县志》,在卷2《建置志》中,收录了一首署名萨都剌的诗歌,诗题为《登两山亭诗》,全诗如下:

> 千山孤亭据盘石,老我凭高兴无极。长松参天凝黛色,空翠满山如雨滴。长江中断海门开,两岸连峰排剑戟。或蟠卧龙形,或皷丹凤翼。仙乘缥缈东海东,徐福楼船竟何益。采药人已陈,鞭玉土有赤。四海混一车书同,形胜何须限南北。吁嗟霸业今谁在,吴山越山长不改。

在署名萨都剌的这首诗前,录有贝琼与杨维桢为吴越两山亭建亭所作的记。贝琼的《吴越两山亭记》具体介绍了萧山县令尹性建亭的原因、亭名来历及登亭所感,最后注明写作时间为"至正二十二年秋八月初三日记"(1362);元人姚桐寿撰《乐郊私语》记有杨维桢作《吴越两山亭记》之事,时间是"壬寅冬"(1362),从这个记载分析,吴越两山亭应建于1362年的夏秋。据天一阁藏明《嘉靖萧山县志》卷2载,吴越两山亭"宋景德四年令杜守一建,题曰知稼亭,元令尹性重修之易今名",则署名萨都剌的《登两山亭》诗应作于至正二十二年(1362)之后,如果《嘉靖萧山县志》的记载无误,则萨都剌的卒年是在至正二十二年(1362)以后。萨都剌享年的问题重新跌入迷谷。

因未见萨都剌在14世纪50、60年代活动的旁证,所以只凭上述证据尚无法重新确定萨都剌的卒年。萨都剌卒年暂留待有新的发现以后,再做考定。

萨都剌的晚年是元代社会内部矛盾日益激烈,元王朝逐渐走向衰亡的时代。萨都剌的一生几乎与元王朝的建立和衰亡相伴随。进入14世纪40年代,恢复科举是元朝政治上最引人瞩目的举措之一。由于中书右丞相伯颜当政后推行民族压迫的策略，汉人、南人遭到排斥，后至元元年（1335）科举考试被停，为了阻止汉人、南人入仕，后至元三年（1337）诏"禁汉人、南人不得习学蒙古、色目文字"。伯颜擅权时期，甚至"请杀张、王、刘、李、赵五姓汉人，帝不从"。后至元六年（1340）在伯颜侄子脱脱的协助下，顺帝罢免了伯颜中书右丞相之职。同年十一月，脱脱出任中书右丞相。脱脱上任后，采取了恢复科举，改奎章阁为宣文阁，改艺文监为崇文监，恢复太庙四时祭等一系列措施。至正三年（1343）诏修辽、金、宋三史，至正四年、七年以遗隐征召福建杜本、温州李孝光等人，这些举措都是对元仁宗以来倾向汉化措施的延续和发扬，成为元末吸引人才尤其是江南才子的主要原因。至正年间大量江南士人北游大都和上都，当时这种文化政策似为主要驱动力之一。

脱脱辅佐元顺帝采取的一系列推动文化发展的措施，取得了显著成果。科举恢复后，朝廷又举行了9次科举考试，为国家录取人才860余人，约占元代科举考试录取总人数的61%多。

官方在14世纪40年代编成的大型著作主要有：王士点、商企翁编《秘书监志》，脱脱领修《辽史》《金史》《宋史》《至正条格》等。

民间编纂的文学或学术著作主要有：严毅编、张复序《增修诗学集成押韵渊海》20卷，汪泽民、张师愚编成《宛陵群英集》28卷，刘贞编成《新刊类编三场文选》数十卷。杨士弘以一己之力，编选唐代诗歌为《唐音》14卷。朱凯编成谜语集《包罗天地》，王晔编成《优戏录》，左克明编定《古乐府》10卷。彭致中编辑唐至元代道士所作词曲为《鸣鹤余音》9卷。林桢编撰诗学启蒙读物《联新事备诗学大成》序刊。顾瑛编辑诗歌总集《草堂雅集》。虞集《道园学古录》50卷由其弟子翰克庄、李本等编成。葛逻禄诗人廼贤将其北游期间写的诗作结集为《金台集》，这是传世的葛逻禄人用汉语创作的唯一一部别集。杨维桢弟子吴复将杨维桢所作古杂诗编为《铁崖先生古乐府》。张雨将友朋投赠之作编为《师友集》。丁复《桧亭集》9卷由江南行台监察御史张惟远刊行等。

在江南，文人聚会创作、同题集咏的活动一直在持续。1342年，僧人释惟则在吴城东北隅买地,修建名为"师子林"的居室,以纪念传法于自己的明本,倡道于天目山师子岩,建成后这里成为至正年间玉山草堂之外吴中文人的聚会之地,一直延续到明初。

至正八年(1348),顾瑛在界溪旧宅之西,开始择地兴建新的宅邸,至正十年(1350)完工的这座专为文人雅集修建的大型园林,就是玉山草堂。顾瑛特为江南著名文人杨维桢准备了专门的住处。二月十九日,轻财喜客的顾瑛,召集了玉山草堂中"为诸集之最盛"的文人集会,文坛名流杨维桢、姚文奂、郯韶、于立及画家李立、张渥和草堂主人顾瑛父子等人在百华舫以艺会友,"矢口成句,落毫成文"。第二天文人们游水登山,分韵联句。这次盛会,因有杨维桢热情参与,并欣然命笔为张渥所画《玉山雅集图》和众人的"游昆山联句诗"作记和序,因此虽然张雨、李孝光、倪瓒、陈基这几位重要诗人缺席,但盛会并未因此减色。七月,杨维桢应邀暂住于顾瑛处,应顾瑛之请作《小桃源记》。文章描绘了玉山园林的建构,也透露了顾瑛的愿望:已无入仕之志的顾瑛,希望借此园林小绝世俗,与爱诗乐艺的文人们,在诗书兴会中寄寓其志。因此,玉山草堂初名"小桃源"。同年同月,顾瑛将杨维桢弟子吴复于至正六年辑录的《铁崖先生古乐府》刊刻行世,刊刻目的是感发古之六义,传播《风》《骚》之教,与有志古诗者共勉。同年同月,杨维桢将自己发起唱和的同题集咏"西湖竹枝词"的创作成果选编成集《西湖竹枝集》。"西湖竹枝词"同题集咏活动,是元代后期一次规模空前的文人唱和活动,仅收入《西湖竹枝集》的诗人就有 120 人之多(不算后补的丁复),诗歌 184 首。加上未被选录进集中的诗人和作品,至少约有250 首竹枝词。由杨维桢倡导的竹枝词创作之风,一直延续到明代。而建成后的玉山草堂,定期举办文人聚会吟咏,参与诗会的有各民族作家,"草堂雅集"一时成为吴中诗坛的象征。在当时战乱逐渐波及江南的时期,有不少诗人,就是因为参与了玉山草堂的聚会,才得以留名于文学史。至正九年(1349)八月,福建宪使僧家奴与申屠駉、奥鲁赤、赫德尔等在福建乌石山联句赋诗,并将所作《道山亭联句》刊于摩崖,这是元代诗歌史上仅见的以蒙古族为主的联句活动,也是元代多民族作家共同推动文学创作兴盛的标志之一。

一方面是在新的科举及文化政策中纷纷涌现着新人新作,另一方面却是大批文人陆续离世,略举14世纪40年代去世的文人如下:

吴莱去世 吴莱(1297—1340),字立夫,浦江(今属浙江)人。他自幼由母亲亲授经书,稍长从学于方凤。其舅舅吴幼敏家富藏书,吴莱尽读之。曾寓居同县陈士贞家,潜心著述,四方学子多慕名前往求教。终生未仕,病故于家。吴莱与黄溍、柳贯都出于方凤门下,又再传于宋濂,是承前启后的大儒。著有《渊颖集》《三朝野史》《南海古迹记》《游甬东山水古迹记》,还著有多种阐述经义的著作。

韩性去世 韩性(1266—1341),字明善,居家会稽(今属浙江)。20岁时已博览群籍,与王应麟、俞浙、戴表元为忘年交。与同里唐珏、王易简、吕同老、王英孙等交好,人们称他为韩先生。入元后多次被举荐不仕。著有《礼记说》《书辨疑》《诗释音》《续郡志》《五云漫稿》等。

释行端去世 释行端(1255—1341),字景元,又字符叟,自称寒拾里人,临海(今属浙江)人。俗姓何。年十一,度于余杭的化城院。初参藏叟和尚于径山,藏叟告寂,依净慈巩石林为记室,不久挂锡灵隐伏虎岩,居住在径山。大德间,出世湖之资福,名闻京国。至大间,特旨赐号曰"慧文正辩",行宣正院举主中天竺,迁灵隐。延祐间,有旨设水陆大会于金山,命升坐说法,竣事入观,加赐"佛日普照"之号。南归养高于良渚之西庵,终于丈室。有《寒石里人稿》。释行端作有跋《飞鸣宿食古雁图》一诗,这首诗被误录于萨都刺《萨天锡诗集》中,学界已确认这首诗的作者应该是释行端。

柳贯去世 柳贯(1270—1342),字道传,号乌蜀山人,浦江人(今浙江浦江)。从学于金履祥、方凤。大德四年(1300)任江山教谕,至大初迁昌国州学正,延祐六年(1319)除国子助教、博士,泰定元年(1324)迁太常博士,泰定三年(1326)出任江西儒学提举,秩满归。至正初年(1341)起为翰林待制,至正二年(1342)卒,门人私谥文肃。著有《柳待制文集》20卷。另著有小说《王魁传》《金凤钗记》,还著有《打枣谱》《字系》《近思录广辑》和《金石竹帛遗文》等。柳贯作有《雪后梦薛玄

·欧·亚·历·史·文·化·文·库·

卿》一诗,收录在《柳待制文集》卷5,萨都刺的后人萨龙光在重编《雁门集》时,据汲古阁本《句曲外史集》附录将这首诗误收在萨都刺名下,诗题为《梦张天雨》。

陈旅去世 陈旅(1287—1342),字众仲,兴化莆田(今属福建)人。先世以儒学见称,幼孤,笃志于学。被荐为闽海儒学官。御史中丞马祖常以"馆阁器也"期许于他,虞集与他讲习道义学问,自叹得陈旅之助为多。中书平章赵世延力荐,除国子助教。历任江浙儒学副提举、翰林应奉、国子监丞等。著有《安雅堂集》。

付若金去世 付若金(1303—1342),字与砺,新喻(江西新余)人。自幼工诗,常出语惊人。家贫织席为生,受知于同郡范梈,向他学习作诗之法。20岁出游湖南,宣慰使阿荣举荐为岳麓书院直学,不久弃职而去。至顺三年(1332)携诗篇北游京师,数月公卿大夫皆知其名,虞集、宋褧以异才推荐于朝廷。元顺帝即位,任付若金为参佐出使安南,归来后授广州路儒学教授。任职中暴病身亡。付若金曾为萨都刺的画题诗三首,诗题为《题萨天锡岁寒图》《萨天锡画屏》(二首)。

王士熙去世 王士熙(?—1342),字继学,东平人(今属山东),王构长子。曾师事蜀郡邓文原,博学工文,与袁桷、马祖常、虞集等唱和馆阁,有文名。至治初年为翰林待制,泰定四年(1327)官中书参政。泰定帝崩,燕铁木儿佐文宗继位,王士熙以旧臣不顺获罪,贬海南。顺帝即位,起为江东廉访使,后至元二年(1336)迁南台侍御史,卒官南台御史中丞,有《江亭集》。萨都刺与王继学屡有诗歌唱和,他的《奉次参政继学王先生海南还桂林道中韵》《寄呈江东廉使王继学》《姑苏台奉和侍御继学王先生赠别》《和参政继学王先生海南还韵》都是为王士熙所作。

柯九思去世 柯九思(1290—1343),字敬仲,号丹丘生,仙居(今浙江仙居)人。以父谦荫补华亭尉,不就。遇文宗于潜邸,及文宗即位,擢为典瑞院都事。设立奎章阁后,授柯九思为学士院鉴书博士,凡内府所藏法书名画都命让他鉴定,颇受信用。文宗驾崩,柯九思流寓吴中,因疾卒。所作诗文散佚,清末缪荃孙、曹元忠辑有《丹丘集》。擅绘画,工墨竹,有墨竹谱。

揭傒斯去世 揭傒斯(1274—1344),字曼硕,龙兴富州(今江西丰城)人。与虞集、范梈、杨载齐名,被称为"元诗四大家"。揭傒斯少以文名,延祐元年(1314)授翰林编修,进应奉。天历二年(1329)元文宗开奎章阁,擢授经郎,升艺文监丞。至顺元年参与编修《经世大典》,此后历任集贤、翰林学士,至正二年(1342)升翰林侍讲,至正三年(1343)诏修辽、金、宋史,任《辽史》与《金史》总裁官之一,至正四年(1344)卒,谥号文安。有《揭文安公全集》14 卷。

吴师道去世 吴师道(1283—1344),字正传,婺州兰溪(今属浙江)人。至治元年(1321)进士,授高邮县丞。调宁国录事,后以疾辞归。后至元元年(1335)迁池州路建德县尹,有惠政。因荐授国子助教,升国子博士。至正三年(1343)丁忧还,卒于家。吴师道是元代儒学家中比较有文采的一位,与柳贯、黄溍、吴澄交往友善。有《吴正传文集》《敬乡录》和《战国策校注》。

释大䜣去世 大䜣生平见前述。大䜣字笑隐,是元代诗僧中著名的"三隐"(笑隐、觉隐、天隐)之一。大䜣虽为僧人,也是当时文坛著名人物之一,集中有与柯九思、萨都剌、虞集、马臻、张翥、薛昂夫、李孝光等人的多首唱和之作。

乔吉去世 乔吉(? —1345),字梦符,号笙鹤翁,又号惺惺道人,原籍太原(今属山西),流寓杭州,美容仪,能词章,散曲杂剧均工。散漫游于江湖间40年,欲刊所作,竟无成事者,病卒于家。为"元曲六大家"之一。

程端礼去世 程端礼(1271—1345),字敬叔,号畏斋,原籍鄱阳(今属江西),迁徙至庆元路鄞县(今浙江宁波)。程端礼与其弟程端学都以治朱熹之学而闻名,许多学子慕名而来。程端礼被举荐为建平、建德两县儒学教谕,曾任信州稼轩书院和健康江东书院山长,授铅山州儒学教授,以台州路儒学教授致仕。任职期间,颇有建树,著有《畏斋集》。

薛玄卿去世 薛玄曦(1289—1345),字玄卿,号上清外史,贵溪

·欧·亚·历·史·文·化·文·库·

（今属江西）人。薛玄卿是元代道教宗师,他 12 岁辞家入道,师事张留孙、吴全节于龙虎山。延祐四年（1317）授大都崇真万寿宫提举,升提点上都崇真万寿宫。泰定元年（1324）奉诏征嗣天师。泰定三年（1326）扈从上都,后辞归龙虎山。至正三年（1343）授弘文裕德崇仁真人,任祐圣观住持,并兼领杭州诸宫观。著有《上清集》。薛玄卿去世后,柳贯作有《雪后梦薛玄卿》追悼,该诗又被作为萨都剌的诗歌被萨都剌后人萨龙光收入《雁门集》（14 卷本,卷 13）,诗题被写作《梦张天雨》。

宋褧去世　宋褧（1294—1346）,字显夫,大都（今北京）人。与哥哥宋本齐名,被称为"二宋"或"大小宋"。早年因父亲在江陵任职,就学江南。延祐中,与哥哥宋本带着自己的创作作品返回京城。泰定元年（1324）进士,除秘书监校书郎,改翰林国史院编修官。曾任翰林修撰、监察御史、翰林待制,迁国子司业,参与修撰辽、金、宋史的工作,拜翰林直学士,兼经筵讲官。卒谥文清。著有《燕石集》。

叶谨翁去世　叶谨翁（1272—1346）,字审言,号赘翁,又号曲全道人,金华（今属浙江）人。荐举教官,历浦江、义乌两县教谕,升衢州明正书院山长,累迁吉水州学教授,调晋江县主簿,改婺州路司狱,致仕归。著有《四勿斋稿》《曲全集》等。叶谨翁是元代后期江浙文学与文化传承的关键人物。

祝蕃去世　祝蕃（1286—1347）,字蕃远,贵溪（今属江西）人。以茂才授高节书院山长。历任饶州南溪书院山长、集庆路学正、饶州路儒学教授,辟湖广行省掾史。至正初任浔州路经历。一生与诗友交流广泛,在诗坛颇有影响。著有诗文集若干卷,未见传世。

虞集去世　虞集（1272—1348）,字伯生,号道园,又号邵庵,抚州崇仁（今属江西）人。早年师从吴澄,大德六年（1302）荐授大都路儒学教授,后任国子助教,升国子博士。仁宗即位,除太常博士,迁集贤修撰。延祐六年（1319）改翰林待制,丁忧还。泰定初授国子司业,迁秘书少监,拜翰林直学士,不久兼任国子祭酒。元文宗即位,虞集除奎章阁侍书学士,兼国子祭酒,与中书平章赵世延同任《经世大典》总裁。

书成,以眼病辞归,不许。文宗去世后,虞集称病辞归,病故于家。有《道园学古录》《道园类稿》《道园遗稿》等传世。

王艮去世 王艮(1278—1348),字止善,号止斋,诸暨(今属浙江)人。淮东廉访司辟为书吏,致仕淮东道宣慰副使。他年轻出游钱塘时,与杨载交谊较深,入仕后作品曾得赵孟頫、邓文原等赏识。主张诗歌创作取法古人雄浑。

黄清老去世 黄清老(1290—1348),字子肃,号樵水,邵武(今属福建)人。泰定三年(1326)江浙乡试第一,第二年登进士,是萨都剌同年。荐授翰林典籍,不久升翰林检阅,任翰林应奉文字兼国史院编修。至正初外任湖广省儒学提举。著有《樵水集》《春秋经旨》《四书一贯》等。

唐元去世 唐元(1269—1349),字长孺,号筠轩,歙县(今属安徽)人。泰定四年(1327)以文学授平江路学录,迁分水县教谕,任集庆路南轩书院山长,以徽州儒学教授致仕。其子唐桂芳曾把唐元诗文著述编为文集 50 卷,未见传本。明代程敏政编《唐氏三先生集》30 卷,收入唐元及其子唐桂芳、其孙唐文凤诗文,其中有唐元《筠轩诗稿》8 卷、《筠轩文稿》5 卷。

王守诚去世 王守诚(1296—1349),字君实,太原阳曲(今属山西)人。泰定元年(1324)进士,授秘书郎,转太常博士、艺林库使,参与编修《经世大典》。出为西御史台御史,迁奎章阁鉴书博士,历任监察御史、山东金宪、礼部尚书、中书参议、燕南廉防使、河南参政等,至正三年(1343),参与编修辽、金、宋三史。

张雨去世 张雨生平见前。张雨的生卒年与萨都剌接近,两人是经历了相同时代的友人。

杜本去世 杜本(1276—1350),字伯原,号清碧,居清江(今属江西)。博学多识,曾在元武宗时因上《救荒策》被朝廷召至京师,不久辞归。再召不就。至正三年(1343)朝廷诏修辽、金、宋三史,以翰林待制兼国史院编修官召,不赴。他选录宋金逸民诗,辑为《谷音》2 卷。他的门人程嗣祖录存他的遗诗编为《清江碧嶂集》1 卷。

41

刘诜去世 刘诜（1268—1350），字桂翁，号桂隐，吉安庐陵（今江西吉安）人。12岁作科场律赋策论，宋代遗老以斯文之任期许。屡次参加元代科举考试不第，用心于诗歌和古文，终生未仕。著有《桂隐存稿》14卷。

图3-3　元人画《明贤四像》，画中人物右起：吴澄、虞集、欧阳玄、揭傒斯

他们中有在当时文坛或学术界地位重要、成果显著的文人，如名列"元诗四大家""儒林四杰"的揭傒斯、虞集，加之柳贯的去世，"儒林四杰"中黄溍成为唯一在世者。有吴莱、韩性、吴师道等这些大儒，有宗教界文学名人如释行端、释大䜣、薛玄卿、张雨等，有地方耆老如程端礼、杜本等，也有宫廷翰林文人宋褧、黄清老等。虞集在顺帝至正元年（1341）为年轻的诗人付若金诗稿结集作序时，在列举了元代文坛自大德以来的变化及代表人物杨载、范梈、马祖常、萨都剌后，感叹道："而与前之诸公先后沦逝，识者然后知其不可复得也。"用这段话来证明萨都剌的去世时间也许并不可靠，但以"而与前之诸公先后沦逝，识者然后知其不可复得也"的感叹，作为举荐赞扬付若金的铺垫却是再恰当不过了。可令虞集想不到的是一年以后这个在文坛刚刚崭露头角的新锐付若金也去世了。文坛的新旧更迭从来没有停止，只是在14世纪40年代大批文人谢世时，文坛新旧的更迭显得格外引人注目。而萨都剌作为老一代的文人，也是在这个年代逐渐淡出文坛，并最终消失踪迹的。

最终导致元代陷入长期战乱并终至衰亡的两件主要事情也是在

14世纪40年代发生的。一件是河患,另一件是更改钞法。

至正四年(1344)起,黄河泛滥,曹、濮、济、兖等地皆受灾,隐士诗人黄河清作有《至正四年秋疫疾大作书所见》。此后大河南北饥荒蔓延,第二年葛逻禄诗人廼贤在北上大都途中,写下《颍州老翁歌》,记录了灾难给百姓带来的苦况。1347年温州路连年旱涝相兼,平阳研习朱子之学的隐士史伯璇作长篇组诗《代颂常平》,从中可见元后期江南实况。长年的河患、灾荒已经引起并不断加剧着社会动乱。从至正八年(1348),朝廷任命贾鲁开始筹划治理黄河,百姓又要为此承受繁重的劳役。而为了解决财政不足的问题,朝廷采用了脱脱的变更钞法的意见。于是导致元代经济秩序大乱的事件发生了。

1350年10月,朝廷开始更改钞法。改钞法的具体内容是:发行新的中统交钞,每贯值铜钱一千文,与至元钞并行,中统交钞每贯值至元钞二贯。同时仍铸至正通宝铜钱,分为折一、折二、折三几个不同档次,与历代铜钱并用。关于元朝更改钞法的后遗症,当时散曲作家刘时中在套曲《上高监司》中予以了较为具体的描述。元末物价飞涨、经济秩序的紊乱都与更改钞法关系密切。

图3-4　至元宝钞

·欧·亚·历·史·文·化·文·库·

图 3 – 5　至正钞辅助铜币

　　堂堂大元,奸佞专权。开河变钞祸根源,惹红巾万千。官法滥,刑法重,黎民怨。人吃人,钞买钞,何曾见。贼作官,官做贼,混贤愚,哀哉可怜。

　　这支《醉太平》小令,作者不详,在元末从京师至江南,人人能道之。它对元代灭亡原因的总结,可谓切中时弊,言简意赅。

　　至正十一年(1351)十一月贾鲁治河结束。但在至正十一年五月,韩山童、刘福通率众 3000 人以红巾为号在颍上起义。早在至正八年(1348),在浙东海上贩运私盐的方国珍已经起兵。1352 年 2 月,郭子兴举兵于濠州,三月朱元璋加入郭子兴的队伍。1353 年张士诚及其弟张士德、张士信举兵起事,元王朝最终被农民起义军队伍建立的明王朝所替代。

　　在长期战乱中,家人、友人的消息是我们企盼得到的最珍贵的礼物。我们寻找、等待了很久,至今未找到萨都剌在战乱中最后的行迹,也许萨都剌最后的消息就这样永远在历史的战火中被吞噬了。萨都剌究竟活了多大岁数? 也许 60 多,也许 70 多,也许 80 多岁,在历史的长河中,我们尚不能确定萨都剌年寿的长短。但我们能确定的是萨都剌一直与诗为伴,在与诗歌交流的岁月里,他带着自己的精神财富——诗歌,默默地、艰难地走完了自己的人生旅途。

4 职业之谜

4.1 中举前与晚年的职业

> 寥落天涯岁月赊,每逢佳节苦思家。无钱沽得邻家酒,不敢开窗看菊花。
>
> 佳节相逢作远商,菊花不异故人乡。无钱沽得邻家酒,一度孤吟一断肠。
>
> 《客中九日》

读万卷书,行万里路,是中国古代文人生命修行的重要两步。司马迁、李白、杜甫这些中国古代著名文人,年轻时都有游览祖国大好河山的经历。萨都剌与他们一样,也是在读万卷书、行万里路的过程中,逐渐展开了自己诗歌的篇章,可与上述名家不同的是,年轻时的萨都剌行万里路,是迫于生计。

中举前的萨都剌家计窘困,以至于他在《醉歌行》中感叹"家口相煎百忧集"。从萨都剌后来通过科举考试走上仕途之路的行为分析,他的抱负与中国传统知识分子的抱负是一致的,即以读书获得的才学在仕途上施展自己兼济天下的雄心,也借此寻找能获得收入的职位维持生计。元朝统治者在统治中国的前50多年里实行废除科举的举措,堵塞了当时文人靠科举步入仕途的谋生之路,这些文人不只包括汉族文人,同样包括家中没有权利背景的蒙古、色目文人,萨都剌就是其中的一员。除了科举之外,进入仕途还有三条路径:一由宿卫,一由儒,一由吏。担任宿卫者多为家中有权利背景者,而萨都剌不但当时家境贫寒,甚至也未见他分享到元朝统治政权对一定品级以上官员后代所给

·欧·亚·历·史·文·化·文·库·

予的优惠政策。例如,至元初元朝曾颁布"选七品以上朝官子孙为国子生"的规定,以后对国子生身份又有各种要求,但基本原则是只有一定等级的官宦或世家贵族子弟才有资格入学。葛逻禄诗人迺贤就曾借助父荫,自庆元(今宁波)远赴大都就读于国子学,这段经历后来成为迺贤诗歌所反映的大都生活内容之一。从萨都剌早年经历似可推断当时萨都剌家庭可能有以下两种情况,一种是如果萨都剌祖上曾是为元代立下战功的战将,则至他父亲时家中似已发生了较大的变故,或者他父亲早亡,家道中落,以致萨都剌已无任何父荫可享。另一种是萨都剌父祖本来就官位不高,在他成年后只能靠他赚钱维持家中生计。当时这样的色目人也有不少,如西夏人迈里古思,寓居松江(今属上海),拜师通《诗》《易》二经,家贫,靠教书奉养母亲。不能靠父荫入仕,当时由吏入仕和由地方学官入仕是士人在科举之外的主要入仕途径。吏在元代虽为较低职位,却有望升官。地方学官由于地位低下,收入微薄,被视为"冷官"。这两条途径萨都剌都没有选择,而是选择以经商维持家中生计,这也是当时许多无法进入仕途的色目人的选择,如上面提到的葛逻禄诗人迺贤在年轻时就曾靠经商维持生计。为什么选择经商?这个问题又把我们的目光引入色目人原来生活的地方——西域。

色目人擅长经商,这个特点,是在历史的发展中练就的。

生活在现在中亚地区的阿拉伯人原是游牧民族,在统一国家形成之前,他们主要靠放牧牲畜为生。对缺乏的生活资料他们或以暴力手段向城市居民掠夺,即做强盗,或以和平方式交易,即做商人。据说伊斯兰教教主穆罕默德在12岁时,便跟着他的伯父和监护人艾卜·塔列卜参加了一个商队,前往叙利亚经商。伊斯兰教创立之初,一些显要教徒中也有不少是商人。阿拉伯民族统一后,建立起横跨欧、亚、非三洲的大帝国,随着帝国的扩张,阿拉伯商人的足迹开始遍布世界各地。在阿拔斯王朝时期,首都巴格达一度成为东西方贸易的中心。阿拉伯商人为了和东方国家进行贸易,他们从波斯湾港口西拉夫、巴士拉、乌布拉甚至亚丁和红海各港口航行到印度、锡兰、东印度群岛和中国。一些人从8世纪以后就从海路到达中国,并定居下来。许多东迁的回回就来自他们中间。

在陆路，很早以前就有回回商人往来于中亚和中国西北地区从事贸易活动。1203年，铁木真（后来的成吉思汗）与克烈部王罕在合剌合勒只惕发生激战，铁木真战败，率残部退到班朱尼河（今克鲁伦河下游一带）。没有食物，他们只能剥下马皮当锅，击石取火，饮河水煮马肉充饥。这时有一位名叫哈散（也写作阿三）的回回商人从这里经过。他赶着1000只羯羊（阉割了的公羊）和1头白驼准备换取貂鼠和青鼠。哈散将这些驼羊献给铁木真。在河畔铁木真与随从立誓说："如果我创建了大业，一定与你们同甘共苦。违背誓言，有如河水。"这就是蒙古历史上著名的班朱尼河之盟。参加盟誓的一共有19人，有人认为回回商人哈散就是其中之一。

畏兀儿、唐兀也都是善于经商的民族。畏兀儿人建立的高昌回鹘汗国，地处中西交通要冲。畏兀儿人利用地理上的优势，与辽和北宋进行频繁的商业交往，他们每隔三年就派遣一支百余人的使团到契丹的上京进行贸易。辽在上京南门之东，设有"回鹘营"，安置留居此地的畏兀儿商贩。畏兀儿人与北宋之间的贸易范围更广、数量更大。马匹、药材、毛皮和衣料是畏兀儿输出的三大主要物资。

至于唐兀人（西夏人），早在建国前两年即举兵西攻高昌回鹘，连克瓜、沙、肃三州，占有了河西之地。西夏人占领河西后，对过往商客进行敲诈。畏兀儿商人和辽、宋进行贸易，经过西夏的地盘时，西夏人就强行从中抽取1/10的率税。西夏一方面通过这种做法从中渔利，一方面又频繁遣使赴宋，使团兼有贡使和商人双重身份。入贡时捎带货物买卖，不少人因此发了财。

元帝国的空前大统一，打通了东西方的交通，为原来居住在西域的各民族的经商活动提供了极大便利。而元帝国内多种语言的使用更使有西域背景的商人占尽先机。可是萨都剌的生意似乎做得并不顺利，"无钱沽得邻家酒""古来不独诗人穷"的感叹透露了他的不得意。虽然是西域回回的血缘，可是热爱诗书的萨都剌似乎并不擅长经商。实际上经商不成功还与萨都剌的经商方式有关。

元朝统治者对商业的重视超过了历代中国统治者,因为在打天下的过程中他们曾得到过不少商人的资助,统治天下后他们又能通过商人迅速聚敛到大笔财富。与所有中国其他封建统治时代一样,元代的商人也有官商和私商之分。说到色目官商,不能不提"斡脱"这个词。斡脱是突厥语 Qrtaq(或 Ortak)的音译,意思是"共同""共同者"。在伊朗语系的花剌子模方言中,这个词又常常表示商人。突厥人曾统治花剌子模,蒙古兴起后,花剌子模商人(回回商人)东来贸易,把本地方言中表示"商人"含义的 Ortak 传入蒙古国,而突厥语中意为"共同者"的 Ortak 用法,则基本保留在了突厥人地区。

传入蒙古地区的斡脱指商人,但不是普通商人。元人徐元瑞在《吏学指南》中说:"斡脱,谓转运官钱,散本求利之名也。"即斡脱是以官钱谋利的官商。构成斡脱主体的是色目商人,其中也有极少数汉人。因此斡脱在当时基本是指色目商人。

从隶属关系而言,斡脱可以分为 3 类:

第 1 类:御投下斡脱。指专为皇帝经营的斡脱。投下一词源于辽代的"头下",意为封地、采邑。蒙古时期把掳掠到的中原民户分赐给诸王、贵戚和功臣,作为采邑,称之为投下。但习惯上又把投下一词引申为拥有采邑的诸侯。元朝统治者经常派色目商人到海外采购奇珍异宝,如 1285 年,忽必烈派遣马速忽、阿里携带一千锭钞,前往马八儿(今印度半岛南端佩内尔河以南)收购奇珍异宝,并且赐给马速忽虎符、阿里金符。马速忽、阿里显然就是忽必烈的私人斡脱,即御投下斡脱。

第 2 类:投下斡脱。属于诸王、勋臣等投下的斡脱。投下斡脱主要活动在大蒙古国和元朝初年,那时诸王权贵势力兴盛,经常派出自己手下的斡脱四处活动。忽必烈即位不久,考虑到大量投下斡脱的存在,不利于中央集权国家的统治,下令限制诸王投下斡脱的势力。1264 年,他又颁布诏令"不得以银与非投下人为斡脱",就是为了防止投下扩充自己的私属斡脱。经过限制和打击,投下斡脱的势力明显衰弱。

第 3 类:官府斡脱。就是由官府控制的斡脱。蒙古国宪宗时就已开始明令朝官掌管斡脱之事。元朝建立后,又先后成立诸位斡脱总管府、泉府司等衙门管辖斡脱。这些部门控制的斡脱就是官府斡脱。官府斡脱划分有专门的户籍,即斡脱户。总的来说,斡脱是一批具有特殊身份的富商,其中只有极少数是贫困者。

能担任斡脱的主要是色目人,因为有官家资本做后盾,斡脱比一般商人可以在冒更小风险的前提下,赚取利润,获得财产。蒙古国时期斡脱商人经营的主要业务是高利贷,又称羊羔利息。作为放贷人,斡脱商人放贷的利息往往很高,据当时文献记载,借债者当年借债,第二年连本带息往往要翻倍偿还,第三年连本带息又要翻倍。如此利滚利,借债者往往倾家荡产仍无法偿还,以致以妻子为奴抵债。忽必烈即位后,于至元四年(1267)十二月,设立诸位斡脱总管府,元朝开始正式设置机构管理斡脱,羊羔息逐渐消失。但民间的高利贷活动并没有停止。

色目人经商除了可以担任斡脱这个有利条件外,还有两个优势:其一是西域到处是商人,商业环境对当地人的熏染,以及西域经商家族财富的积累。在长期经营中积累下的资本和经验可以为家族后代经商奠定丰厚的基础。如来自西域的回回诗人丁鹤年,他的曾祖阿老丁和弟弟乌马儿都是元初的巨商,在成吉思汗西征军饷不济时,曾倾资相助。其二是如果经商是行走在西域与内地之间,那么诸种语言的掌握是有西域背景的色目人又可以发挥的一项长处。萨都剌诗中对自己经商的情况描述很简略,从他家境的窘况似可推定他不是斡脱商人。萨都剌是因为生计困难经商,他家中缺钱是比较明显的,因此他家中既无商业资本也无经商经验给他做经商的基础,他做生意的本钱和经验似都只能靠自己筹集、积累了。从他未中举时作的诗歌《阻风崔镇有感》《高邮阻风》《寄舍弟天与》等分析,他的经商活动地区主要在江苏、安徽等地,因此多种语言的优势也与他无缘。

萨都剌经商可以凭借的最大优势是他来自西域的家庭背景和色目人的二等人地位。那么是不是在实际经商活动中这些优势萨都剌一点都没能占上呢?商人经商需要纳税,这是历代王朝对商人进行管理的基本规定。但在元代,僧、道、也里可温、答失蛮做买卖不纳商税。虽然为此中书省多次上奏,忽必烈也重申要求他们纳税,但收效甚微。据

《通制条格》卷29《僧道·商税地税》记载,大德四年(1300)中书省官员针对这种现象提出的解决办法是:

> 僧、道、也里可温、答失蛮,自己穿的、食的、所用的买要呵,并寺院里出产的物货卖呵,不纳呵,他每也勾也者。将着大钱本开张店铺做大买卖不纳税呵不宜,因而夹带着不干碍的人也者,似这般的每,依例交纳税呵,怎生?

这个处理办法允许宗教寺院自己需要的物品和出产的物货,买卖时都免税,只有大买卖才纳税,同时禁止寺院包庇其他商人。但官方出台了这样的条文,是否真能解决僧、道、也里可温、答失蛮经商不纳税的问题还是一个疑问。如上所述,萨都剌是答失蛮,如果他经商,是属于寺院经营者。从他的资金基础分析,他似应是经营规模不大的小商人,因此萨都剌似应是可以免税的。元代习惯将商人分为坐商和行商。凡在城市中开铺营业的叫坐商,凡从事贩运的就是行商。萨都剌是坐商还是行商,因未见相关文献,尚不能确定。

萨都剌的答失蛮身份对他经商是有帮助的,但他经商本是为了生计,并不是出于兴趣,他真正热爱的是诗歌创作。加之资金、经验等条件的限制,他的生意做得总没有起色也就不奇怪了。

在商海中苦苦奔波,在重阳节不断感叹"无钱沽得邻家酒"的萨都剌,在经商的道路上似乎过得并不开心。那么靠诗书取功名的日子什么时候才能到来呢?

如上所述,从元朝建立至元仁宗正式设科取士,其间长达半个世纪之久。在中国科举制度发展史上,这是最长的一次停废期。这期间虽然科举取士的制度没有恢复,但围绕科举行废问题开展的争议却一直没有停止:至元初,史天泽条列当时须要推行的大事,科举就在其列;至元四年(1267)九月,王恽等请求推行科举取士。忽必烈下诏令中书左三部与翰林学士议立程序,因有司阻难未成。至元七八年间,礼部又拟定以经义、词赋两科取士。议案送达尚书省,省拟罢诗赋、经义、明经等科,提出举子须品官保举方许入试等规定。就在这期间,徒单公履奏请实行贡举,忽必烈召许衡、姚枢等廷辩。结果徒单被董文忠斥责为"俗儒守亡国余习",此事因此而结束。只是不知道徒单公履引发的这场争论是发生在礼部和尚书省议定有关科举规定之前还是之后。至元十年(1273)忽必烈再次下诏议行科举。第二年十一月,省臣将翰林老臣等所拟程序呈闻太子真金。真金允设蒙古进士科和汉人进士科,下令在合适的时候制定制度。至元十二年(1275)徒单公履大约以为新制已定,再次上奏敦促元廷开科取士。但忽必烈只是命儒臣杂议,结果不了了之。至元二十一年(1284),和礼霍孙又一次建言设科,诏中书省议。可不久因和礼霍孙被中书省罢免,事情又终止了……上述只列举了忽必烈至元期间关于科举行废的争议。元代重要的典章制度,几乎都在忽必烈时代立定规模,科举却成了醒目的例外。是什么原因让忽必烈迟迟不肯推行科举取士制度呢?

实际上早在蒙古国时期,窝阔台九年(1237),因耶律楚材、郭德海等人的力请,朝廷曾下诏以论、经义、词赋三科,召考天下士人。著名大儒许衡、文人刘祁等就都是通过这次考试被选拔上的。这次选试学界称为戊戌选试,被视为元代早期科举取士制度的试行。但这种试行并没能推行下去,学者研究认为原因之一是耶律楚材失势,使这一制度的实施失去了推动者;原因之二也是最重要的原因是通过科举制度选取人才,在元朝政权统治前期并不是当务之急。作为一个靠军事征服赢得天下的大帝国,在政权建立之初,统治者最急需的一是保持征服者强大的军事威慑;二是开掘被征服地区对蒙古统治者的经济意义。至于官员的选拔,在元朝建立前期,官员来源充足。蒙古人先后灭亡的辽、金、宋,以及西征过程中灭亡的大大小小的国家,有数量可观的人才愿意归顺,至元七八年间,已经出现官员多、职位不够的情况。科举考试内容的程序化以及脱离实际,在忽必烈最关心的如何增加经济收入问题上,汉族官员的无力和分歧也都是促使忽必烈迟迟不能推行科举取士制度的原因。同时元朝统治者在选拔官员时采用的:高级官僚半世袭化,中下级官员大半自吏出身,由吏入仕方法的逐渐制度化,都成为推行科举制度的障碍。因此至元以来"凡言科举者,闻者莫不笑其迂阔,以为不急之务"。

公元 1312 年仁宗即位。元朝在经历了成宗、武宗时代后,至元故老已相继退出政治舞台。由吏入仕制度的弊端在施行中日益明显而且严重,靠军事震慑统治国家的重点也在向靠稳定人心转移,尤其是元仁宗爱育黎拔力八达成为统治者,这一切条件使元代施行科举制度变成了现实。

元仁宗与他之前诸位皇帝最明显的区别就是在即位前他一直居住在汉地,而且在即位前与即位后长年有一批儒臣朝夕侍奉,其中最著名的就是秋谷先生李孟。长期的熏染影响,使仁宗以儒治国的政治倾向日益明朗。未登基时他就深恨胥吏科敛、重为民困,所以即位后他宣布:"朕所愿者,安百姓以图至治。然非用儒士,何以至此?"那么如何求取贤能儒士呢?李孟说汉唐、宋金采用的是科举考试取士。柏铁木儿说得更为直接:"今以季劳用人,何以得才?古有科举之法,先朝尝欲举行而未果。今宜以时述祖训以开贤路。"水到渠成,皇庆二年(1313)十一月,仁宗以行科举诏颁布天下。

在停废了半个多世纪以后,科举制度要重新实行了,这在士人阶层中引起了极大的刺激和震动。这个举措将唤起多少士子读诗书、求功名、兴社稷之梦想,更有无数读书人期待着通过这个制度的变更改变自己的命运。萨都剌就是这些在期待中通过科举选拔走入仕途,改变了自己命运的一员。元泰定四年(1327)萨都剌考中进士,走上仕途。关于他的仕宦任职我们将在下节探讨。

萨都剌的仕宦之途是以什么官职收尾的?他的同年杨维桢在《西湖竹枝集》萨都剌小序中说他官至燕南宪司经历,这个说法与萨都剌自福建北返途中所作《溪行中秋玩月》所记欲北上任河北廉访司经历,秩从七品,说法相符。但在任河北廉访司经历后萨都剌是否还有新的任职,我们期待有新的发现来证实。

老年的萨都剌靠什么维持生计?徐象梅《两浙名贤录》卷 54《寓贤》记载萨都剌晚年每逢风日晴美,肩扛一杖、身挂瓢笠,脚踏双不借,遍走两山间。遇到深岩邃壑、人迹所不到之处,无不穷其幽胜。到了非常喜欢的地方,席草而坐,徘徊终日不肯离去。兴致所至,写为诗歌,题在山岩并品味之。徐象梅的记载,与萨都剌诗中多次抒发的想要隐居的想法颇为符合。在《秋暮过吴值雨感怀》中萨都剌用"乐矣陶潜酒,高哉范蠡舟"的诗句表达了自己对归隐名士隐居生活的羡慕。在病中他默默问自己"欲向江边去,何时理钓簑?"(《病中书怀二首》其二)。在经历了宦海沉浮之后,他在《高邮城楼晓望》中用"短衣匹马非吾事,拟向烟波觅钓徒"表达了自己的愿望。晚年在苏州他在《为姑苏陈子平题山居图黄公望作》中写下"尘途宦游廿年余,每逢花月怀幽居"的诗句,用尘途形容自己的仕途经历,用幽居表达自己心中的愿望。虽然我们对萨都剌最终的结局尚不知晓,但晚年的萨都剌似应过上了他一直向往的归隐山水的生活,可能由于没有固定经济收入,晚境比较穷困。具体论述参看下一章。

明末清初的著名文人钱谦益在他的《列朝诗集小传》(甲前集)"刘左司仁本"条说萨都剌晚年曾投靠方国珍,这个说法的文献来源,钱谦益没有说明。萨都剌究竟有没有投靠方国珍,这个问题学术界一直在争论,要解决这个问题,首先需要从方国珍对待色目人的心态谈起。

方国珍父祖辈是自莆田(今福建莆田)再迁台之仙居(今台州仙居),三迁于黄岩(今台州黄岩)的浙东人。他家世代以贩盐浮海为业,元朝占领江浙以后,当地士人对进驻的蒙古、色目人曾比较反感,以后由于一些蒙古、色目官员注意尊重当地士人及礼俗,这种敌对情绪慢慢消融了。但已经习惯了当地礼俗的江南人,对以占领者身份迁入的,与他们的文化背景、礼俗差异很大的色目人仍然是有排斥心理的,如陶宗仪《南村辍耕录·嘲回回》记载了居住在杭州八间楼的一位回回婚礼。因看热闹的人太多,踩踏了楼屋,宾主婿妇皆死。郡人王梅骨戏作诗一首:

> 宾主满堂欢,闾里盈门看。洞房忽崩摧,喜乐成祸患。压落瓦碎兮,倒落沙泥;别都钉折兮,木屑飞扬。玉山摧坦腹之郎,金谷坠落花之相。难以乘龙兮,魄散魂消;不能跨凤兮,筋断骨折。氍毹脱兮尘土昏,头袖碎兮珠翠黯。压倒象鼻塌,不见猫睛亮。呜呼!守白头未及一朝,赏黄花却在半晌。移厨聚景园中,歇马飞来峰

上。阿剌。一声绝无闻,哀哉树倒猢狲散。

回回婚礼发生意外,本是令人悲哀之事,但王梅骨的诗中却有幸灾乐祸之感。这条笔记颇能反映江浙民间对回回的看法,这样的事例在元代其他笔记如《癸辛杂识》《至正直记》等中也都有记载。作为浙东本土人士,方国珍对色目人的看法似应或多或少会受到当地普遍看法的影响。

至正八年(1348),方国珍起义造反,起兵的直接原因虽因仇家陈氏诬告他通寇引起,但起义军的性质都是反对统治阶级的,色目人作为元朝的第二等人,在南人眼中就是统治阶级。方国珍手下招用了不少士人,如刘仁本、张本仁、郑永思、丘楠等,但在他的近臣中未见一位色目士人。元代的社会等级是按民族划分的四等人制度,二等色目人与起义的南人方国珍在政治立场上是对立的,他们互相防备,是合于常理的结论。方国珍降元后虽在表面上保持与色目官吏合作,但骨子里色目人多为支持元朝,而方国珍主要是为自己的割据政权服务,他们的根本利益并不一致。因此前人提出元朝统治者不信任南人,南人方国珍"忌色目人",都是有依据的说法。

其次再看方国珍集团对待色目人的态度。方国珍手下刘仁本与色目文人:金哈剌、盛熙明、廼贤、吉雅谟丁等均有交往,交往的诗作就保存在刘仁本的《羽庭集》中。从相关诗作反映的这些色目文人在方国珍统治下的生活状态中,我们可以推知方国珍对色目人的态度。

金哈剌原名哈剌,字元素,祖上因功赐姓金,号葵阳老人,茀林人(又写作佛朗、富浪、佛郎等,指东罗马帝国及西亚地中海沿岸诸地。也作雍古人)。在浙东他是朝廷命官,担任东南海道防御都元帅,至正十九年(1359),兼任福建行省参知政事。不足一年,卸去兼职。大约在至正二十三年(1363),金哈剌北还。在浙东金哈剌作有《南游寓兴集》,从他的作品分析,他曾主动积极地与刘仁本等当地人士交往,但最终与他们无法兼容,主要原因之一就是他是色目人,在族群和政治立场上与方氏集团不同。因此哈剌在方国珍治下虽能生活安闲,但欲获得方氏集团重要人物的支持、履行职责却很困难。

吉雅谟丁，回回人，汉名马元德，至正十七年（1357）进士。与金哈剌不同，吉雅谟丁是地方官，中进士后他任江南御史台掾史，至正十九年（1359）授定海县尹，后担任奉化和昌国的地方长官。定海、奉化和昌国都是贫瘠难治之地，忠于元朝的色目基层官吏吉雅谟丁在方国珍起兵反叛元朝后，以被扣留在匈奴的苏武自比，其处境比较艰难可见一斑。

迺贤（1309—1368），字易之，号河朔外史，西域葛逻禄氏（Karluk，元代一般作哈剌鲁、合鲁）。汉姓马，以字行，名马易之。迺贤在浙东鄞县长大，安贫自守，接朋友宾客，唯论古今典故，未尝道及官府事。这是闲居庆元的迺贤在被元朝任命为翰林国史院编修之前，在方国珍治下的生活状态。

盛熙明，号玄一山人，曲先（或作曲鲜，即龟兹，今新疆库车）人，居豫章（今江西南昌）。备宿卫，辟奎章阁书史，备职艺文生。盛熙明是"功名早遂身先退"，迁居于庆元（今宁波）。虽与刘仁本交往较密，但他归隐于佛教、道教，不参与政治。与刘仁本交流也主要是谈玄、赠诗，共论养生之道，未涉及时事。

丁鹤年（1335—1424），回回人，年十七通诗、书、礼三经。至正十八年（1358），鹤年为避兵乱往浙东依从兄吉雅谟丁。吉雅谟丁殉职，鹤年转徙于四明之境，或旅食海乡，或为童子师，或寄居僧舍，卖药以自给。丁鹤年在方国珍统治区生活得如此狼狈，直接原因似应与方国珍有关。

方国珍对待色目人的态度与色目人的地位关系较密切，金哈剌、吉雅谟丁、迺贤的例子均可为证。对待不入仕的西域人，则似比较看重他们与方氏集团的关系，迺贤与盛熙明的例子可以为证。对一个不仕于元朝，也不愿与自己合作的色目人，顺我者昌、逆我者亡是方国珍的基本态度。为避免被方国珍"所祸"，丁鹤年四处逃匿来保全自己。从方国珍忌色目人的心理，未见萨都剌参与方国珍集团活动的记载，以及文献所见萨都剌在浙东主要过的是徜徉于山林的生活状态都可证明萨都剌晚年未曾投靠方国珍。

至于有些研究著作说萨都剌晚年做过"库子",更是无稽之谈。库子是掌管仓库的小吏,担任这个职务非但没有收入,一旦仓库发生丢失,还要由库子负责赔偿。古代官吏等级分明,萨天锡虽然官职品位不高,但在经历宦海沉浮时,就一直向往归隐,晚年更是如此。何至于晚年去做这样一个与自己人生目标背道而驰的小吏?

4.2　仕宦任职之谜

泰定四年(1327),元朝恢复科举后的第五届科举考试,萨都剌中右榜进士。这一年的右榜状元是阿察赤,左榜第一名是李黼。

元代科举考试,三年开试一次,分乡试、会试、殿试三道。乡试就是元代的地方考试,考试科目:蒙古、色目人考两场,第一场经问五条(至正时减为三条,另增本经义一道):《大学》《论语》《孟子》《中庸》内设问,用朱熹章句集注。义理精明,文辞典雅者为中选。第二场策问一道,以时务出题,限500字以上。汉人、南人,第一场明经经疑二问,《大学》《论语》《孟子》《中庸》内出题,并用朱熹章句集注,复以己意结之,限300字以上;经义一道,各治一经,《诗》以朱氏为主,《尚书》以蔡氏为主,《周易》以程氏、朱氏为主,以上三经,兼用古注疏,《春秋》许用《三传》及胡氏《传》,《礼记》用古注疏,限500字以上,不拘格律。第二场古赋、诏诰、章表内科一道,古赋、诏诰用古体,章表四六,参用古体。第三场策一道,经史时务内出题,不矜浮藻,惟务直述,限1000字以上成。蒙古、色目人,愿试汉人、南人科目,中选者加一等注授。

会试时间定于乡试次年二月举行,考试科目与乡试相同。元代殿试时间在会试的次月(三月),地点在翰林院。蒙古、色目人试时务策一道,汉、南人试策一道。凡通过会试选拔进入殿试的儒生,不再被黜落,根据他们在殿试上所对策第的高下,分为三甲进奏。科举考试录取情况,分两榜公布:蒙古、色目人为右榜,汉人、南人为左榜。第一名赐进士及第,从六品,第二名以下及第二甲,皆正七品,第三甲以下,皆正八品,两榜并同。

萨都剌名列三甲及第,由此进入仕途,终于摆脱了让他窘困的经商生涯。萨都剌进入仕途后的任职情况,托名干文传的《雁门集序》是这样叙述的:

> 瑜弱冠,登丁卯进士第,应奉翰林文字。久之,除燕南经历,升侍御史于南台。凡所巡览,悉形诸咏歌,传颂士林,殊脍炙人口。以弹劾权贵之不法,左迁镇江录事宣差。后陟官闽宪幕,由是往还吴中。

萨都剌自己在《溪行中秋玩月》序中是这样叙述的:

> 始以进士入官,为京口录事长,南行台辟为掾,继而御史台奏为燕南架阁官。岁余,迁闽海廉访知事。又岁余,诏进河北廉访经历。

京口是镇江的古称,京口录事长全称是镇江录事司达鲁花赤,这是萨都剌中进士后担任的第一个职务。南行台是江南诸道行御史台的简称,治所在集庆(今南京),萨都剌曾在这里任职。燕南架阁官全称是燕南河北道廉访司架阁官,架阁官相当我们今天管档案的人员,燕南河北道廉访司治所在真定。闽海廉访知事全称是闽海廉访司经历,治所在今天的福建。

萨都剌自己的说法与托名干文传的《雁门集序》记载大相径庭,围绕萨都剌仕宦任职的主要争议就是由上述文献记载的不同引起的。《雁门集序》说萨都剌中进士后官应奉翰林文字,未见任何旁证。任"燕南经历",指称不明。而说他任职南台御史一说最大的问题是南台御史是从二品官员,从所见文献记载看,萨都剌一生最高官职为从七品,即担任河北廉访司经历,从从七品官员拔擢到从二品官员不合元代铨选法,因此《雁门集序》关于萨都剌任职的记载也是学者提出这篇序是伪作的重要依据之一。

相反萨都剌在《溪行中秋玩月》序中对自己任职情况的叙述,他的《题喜里客厅雪山壁图》一诗可为辅证:

> 一年在京口,雪片深冬大如手……一年在建业,腊月杨花满城雪……一年在镇阳,燕山积雪飞太行……今年入闽关,马蹄出没千

万山……

如上所述,京口应是指自己在镇江任职时。建业是南京的古称,公元 229 年,孙权在武昌称帝,九月即迁都于此,称作建业,为南京建都之始。以后东晋,南朝宋、齐、梁、陈先后在此建都,是六朝政治、经济、文化中心。公元 282 年(晋太康三年)改称建邺。后避愍帝司马邺讳更名建康,东晋南朝相承不改。镇阳是真定的古称,"入闽关"就是指去福建任职。此外还可以找到其他相关证据,也与元代铨选法没有矛盾。以萨都刺自己的陈述为主要线索,我们又拼接了其他一些文献,勾勒萨都刺走上仕宦道路后的任职情况如下。

泰定四年(1327),泰定帝也孙铁木儿统治的第四年,萨都刺登进士第,名列三甲,授将仕郎。将仕郎为文散官,是无固定机关职守的闲散人员,正八品。不久以将仕郎身份任镇江录事司达鲁花赤,录事司达鲁花赤也是正八品。萨都刺于天历元年(1328)(致和元年,九月改)到任。

镇江古称润州,东汉末孙权从吴郡(今苏州)迁治所于此曾改名京口。元朝的行政建置设行省、路、府、州、县五等,一般是以路领州、领县,在腹里地区有些地方是以路领府、府领州、州领县。也有府与州不隶属路而直接隶属于行省的。元代的路起初分为上、中、下三等,至元二十年(1283)分为上路和下路,十万户以上者为上路,十万户以下者为下路。镇江是下路,路设录事司,录事司达鲁花赤只能由蒙古或色目人担任,职责为管理其城居之民狱讼、钱谷、工役、簿书、期会等事务。由于镇江扼守长江而南接扬州,地理位置决定了其防务的重要性,号称江浙重地;其民具五方之俗;达官寓公宅第鳞比,而阎穷败室,凋瘵尤甚,故往往被视为难以管理的地方。萨都刺上任后,以儒家仁政的思想作为自己治理当地的主导思想,他爱护百姓、不畏权贵的事迹通过文献流传到今天。

1329 年,即他上任的第二年,当地发生粮荒,老百姓饥饿难耐,无钱去官府粮仓购米。萨都刺慷慨说道:"民命如缕,纵斗米三钱,钱从何出?"于是他为民请命,在争取到上级同意以后,全部将粮仓粮食分发给百姓。他还将灾民分类,饥者给食,病者治病,死者掩埋,流浪者予以安置,80余万口人得以生存。

老百姓张成等四家,因邻近官家粮仓,被官府责令迁居到其他地方。萨都剌为他们求情说:荒年的穷老百姓,能吃上饭活命已经不容易了,拆毁他们的房屋将他们驱逐出本地区,是将他们置于死地呀!但官府依然坚持驱逐他们。恰逢萨都剌因公要去京师,临行前他将自家白金壶典当出去,换做百余缗钱,交给张成等四家,让他们拿去做搬迁的盘缠。官府听说此事,不再驱赶张成等人。

有一位卜姓的老太太,被乡里人叫作悍妇。一天到官府控告他儿子,萨都剌经调查断定他儿子无罪,对这位老太太说:做母亲最重要就是要仁慈,现在你凭空加罪于你的儿子,假使你儿子被判有罪,你不后悔吗?于是逮捕她的儿子,带上刑具送往监狱。老太太果然后悔了,她磕着头请求说:我的儿子确实无罪,希望能得到赦免。萨都剌对这位老太太再三加以教育,老太太后来逐渐变得仁慈了。

当时郡守有一个很得宠幸的下人,经常骚扰老百姓。有一次一位市民宴请宾客,这个下人奉主人的命令来座上索要歌妓,不成,这个下人便诬赖说慢待了他的主人。萨都剌将这位下人呵斥赶出。郡守闻听此事怒不可遏,将萨都剌唤至府中责骂。萨都剌从容地劝郡守说:您以一名三品官员的身份,在民间与老百姓争夺一名歌妓,在这件事上计较得失。目前您本该积累您的盛德,传播您的英名,这件事千万不能让它流传到邻郡,损害您的英名呀!郡守起身谢罪说:到底是读书人,如果不是听信你的话,我差点冤枉了我的百姓呀。

当地一位名叫丘以敬的人,主持新修了镇江的儒学馆,萨都剌前去题诗祝贺。"馆下诸生喜,如游小石渠"形象地揭示了儒学馆在教化百姓时能起到如春风化雨的作用。淮安(今属江苏)人士张士谦,以儒士户籍身份申请做府吏,八年未成。什么叫儒士户籍呢?中国历史上泛称的儒士,用今天的话说就是思想以儒家思想为主的知识分子。在宋金时期,不论从政府还是地方对儒士阶层都给予了许多优遇的条件,这种情况在两宋时期体现得尤为明显。但蒙古族入主中原后,由于监临各地的蒙古长官严重缺乏中华传统文化的素养及治理农耕定居地区的经验,只以征敛和索要经济利益为当务之急,儒士阶层的优遇地位已被瓦解。窝阔台九年(1237)在儒臣耶律楚材、郭德海等人的努力之下,蒙古帝国进行了"戊戌选试",中选的儒士们又享有前代儒士所享有的部分优遇政策。至元二十八年(1291)正式设立儒户制度,按规定被定为儒士户籍的家庭,与道士、僧人一样享有免除赋役的权利。关于儒士户籍享有的其他权利,由于元朝统治政策的不断变化而经历了多次变动,但是总体上来说,在蒙元时期享受着免除赋役的权利基本未变。此外儒户也享有入仕的权利,但他们所充任的仅是一般下等官吏之职,或者出任教官,即使是开科设举之后,这种状况也未能得到好转。由于下等官吏或教官的名额也是有限的,也许是缺乏其他门路,因此张士谦想以儒士户籍入仕做府吏的愿望,八年都没有实现。他家贫如洗,父亲和哥哥相继去世,他没有钱为亲人下葬。萨都剌当时刚刚病愈,听说这件事后,坐着轿子前去哀吊,拿出自己的俸禄帮助张士谦办丧事。

当地风俗相信迷信,有一个巫师在当地利用木偶说祸福,骗取钱财。萨都剌在暗查了他们的党羽后,全部逮捕了这一干人,将他们判罪,并当众焚毁了他们的木偶,拆毁了他们活动的场所。

萨都剌写的《病起登楼》颇能反映这个时期他的心态:

> 日来顿觉病怀舒,憔悴参军绿发须。门外马蹄惊小梦,楼头雁字寄寒书。江平一带海潮退,霜落千株竹树枯。又倚西楼望城市,徘徊忍见火民庐。

诗前小序交代了自己写作这首诗的原因是"见民间火,哀以赋之"。秉承了儒家忧国忧民思想的诗人,病起登楼,惦念着承受了水火之灾的老百姓,思念着家乡,加之身患疾病,忧思忡忡的诗人如何能够不憔悴?

至顺二年(1331)萨都剌京口录事长任职期满后,调任的新职是江南行台掾,从九品,表面看职位似乎降低了,其实不然。元朝官制,官吏分官、首领官和吏员三个等级,一般来说吏员地位低于官和首领官。但衙门有高低,衙门品级高,吏员身份也相应增高。江南行台全称是江南诸道行御史台,隶属御史台,御史台的高级吏员,如南台令史,从正、从八品官中调任是正常的现象,这在《元史》卷83《选举志三》中有明确规定。因此萨都剌这次调职并非贬职。江南诸道行御史台主要职责是负责纠察江南地区百官善恶、政治得失。治所最初在扬州,不久迁到杭州,不久又迁到江州,又还杭州。至元二十三年(1286)迁到集庆(今南京)。至正十六年(1356)三月,朱元璋率部攻打集庆,九月江南诸道行御史台被迫迁往绍兴。萨都剌在集庆任职期间,未见事迹流传。

我们能确定的是这期间他与大龙翔集庆寺住持诉笑隐、京口鹤林寺长老了即休等多有唱和、来往。至顺三年(1332)三月,他在大都(今北京)奎章阁参加了《皇朝经世大典》完工后的进呈仪式。《皇朝经世大典》是元代官方主持修纂的政书,又名《经世大典》。天历二年(1329)九月,文宗命翰林国史院官同奎章阁学士采辑本朝典故,仿《唐会要》《宋会要》,编撰《经世大典》。第二年(至顺元年,1330)二月,命由奎章阁学士院专门负责修撰,燕铁木儿总监其事,阿怜帖木儿等充提调,赵世延任总裁、虞集任副总裁与艺文监官属分局修撰。历时3年于至顺三年(1332)三月修成进呈。全书分君事4篇,包括帝号、帝训、帝制、帝系,臣事6篇,包括治典、赋典、礼典、政典、宪典和工典,共880卷,目录12卷,公牍1卷,纂修通议1卷。规模宏大的《经世大典》可谓元代典章制度的总集。萨都剌在《奎章阁观进皇朝经世大典》中描述了当时的景象:

> 文章天子大一统,馆阁词臣日纂修。万丈奎光悬秘阁,九重春色满龙楼。门开玉钥芸香动,帘卷金钩砚影浮。圣览日长万机暇,墨花洗出凤池头。

元统元年(1333),马祖常拜为江南行台御史中丞,萨都剌以江南行台掾的身份赶往上都(今内蒙古正蓝旗附近)迎接,不巧马祖常又改任徽政院事,马祖常作《送萨天锡南归》,萨都剌作《和中丞伯庸马先生赠别中丞除南台仆驰驿远迓至上京中丞改除徽政以诗赠别》作答。

"自笑江南无用客,一春无事只题诗"是萨都剌此时的自嘲,实际也是他的自况。正如他的僧人朋友诉笑隐在元统二年(1334)写给他的送别诗《送萨天锡照磨赴燕南宪幕》中所说:"萧寺留诗别,高怀不负公。"萨都剌是一个有远大抱负的诗人,八九品官位的身份,可以限制他的行政职权,却无法阻遏他的诗人梦想。江南任职,在萨都剌中进士后不久,"虎榜姓名书敕纸,羽林冠带竖旌旄"的荣耀豪气还在,"小臣涓滴皆君泽,惟有丹心答圣明"的报恩之心更是殷切。加之天历至元统年间是元朝统治后期朝廷争权斗争最激烈的时期,萨都剌常常有机会在京师,得知统治阶层争斗的内幕,因此秉承了中国传统诗歌以诗记史、以诗记事优秀传统的萨都剌,在任职闲暇时间,一直坚持用诗笔完成着追踪国家大事件的使命。我们梳理了萨都剌这一时期的诗歌,从天历元年(1328)燕铁木儿辅助文宗图帖睦尔与泰定帝的皇太子当时年仅9岁的阿速吉八争夺帝位,至至顺四年(1333)燕铁木儿辅佐顺帝即位,自己纵欲过度死亡,其间宫廷的争权斗争在萨都剌的相关诗作中基本都有记述。借助萨都剌的诗歌,我们来再现这段时间在元代宫廷为争夺帝位发生的腥风血雨的斗争。

忆观驾春蒐

天历元年,京口录事参军某以事留京,观驾春蒐盛事也,得诗一联聊委之。其年三月还京,岁暮卧病,寒食拥炉,追思前联,足成一律,时天历二年三月也。

萧韶风细入清虚,日暖旌旗卷复舒。双凤晓开金翅扇,六龙春驾紫云车。将军斜插黄金虎,丞相低悬碧带鱼。遥想宫盘露珠滑,江南渴杀病相如。

日奏云间紫凤韶,春随天上柘黄袍。伏前虎将千金斧,马上鹰儿五色绦。猎士开弓黄犬壮,宫官击鼓紫驼高。侍游亦有中书令,七宝雕笼看绿毛。

春蒐就是春天打猎。天历元年(1328),就是萨都剌中举后被任命为镇江录事司达鲁花赤那一年春天,还未离开京城,萨都剌有幸观睹了皇家春天打猎的场景。那时皇帝还是泰定帝,将军与丞相也还未集权于燕铁木儿一身,中书令应该是由皇太子兼任,君臣排场盛大,浩浩荡荡。可是就在这年春猎时,泰定帝忽然病倒,七月病逝于上都,燕铁木儿拥立文宗即位。仅仅一年以后物是人非,在春猎的场面上,出尽风头的只有燕铁木儿一人。

> 将军一战山河定,云汉昭回玉帐高。柳外解鞍春洗马,月中飞箭夜鸣雕。呼鹰走狗清时乐,斩将搴旗旧日劳。白面官官催赐酒,汉廷不数霍嫖姚。

这首诗诗题为《燕将军出猎》,应作于天历二年(1329)春天。如《忆观驾春蒐》小序所述,天历二年三月萨都剌因病返回京城,目睹在今年皇家春猎场上主角已是新贵权要燕铁木儿,去年的主角泰定帝及继承人君臣已或亡或不知去向,萨都剌感慨之余凭回忆用诗歌追述了去年的皇家春蒐,今昔对比,恍如隔世。"将军一战山河定",是指燕铁木儿在与拥立泰定帝太子阿速吉八的左丞相倒剌沙、辽王脱脱、梁王王禅等组织的军队作战中,最后取胜,确立了文宗统治天下的大局。那么这场争夺帝位的战争是如何发生的呢?缘由要追溯到武宗去世时发生的事情。

图 4-1　元武宗

武宗去世时传位于弟弟仁宗,两人约定仁宗死后再把皇位传给武宗之子和世㻋。但仁宗上台后由于皇太后答吉和权臣铁木迭儿的干预,仁宗自己也经不住权势和利益的诱惑,下令将武宗长子和世㻋封为周王,让他去镇守云南。而将自己的儿子硕德八剌立为太子,硕德八剌即位后庙号英宗。英宗推行新政,得罪了旧贵族,登位的第三年,至治三年(1323)被担任御史大夫兼领忠翊侍卫亲军都指挥使及左右阿速卫军的铁失带人在南坡杀害,史称"南坡之变"。英宗死后,晋王也孙铁木儿继位,是为泰定帝。元武宗、仁宗、英宗是真金二子答剌麻八剌的后代,泰定帝则是真金长子晋王甘麻剌的长子。致和元年(1328)春,泰定帝在春猎活动中忽然病倒,被迫还宫。三月泰定帝到上都,朝廷主要官员及诸王满秃、阔阔出等扈从,西安王阿剌忒纳失里与金枢密院事燕铁木儿留守大都。七月泰定帝病死于上都,左

·欧·亚·历·史·文·化·文·库·

丞相倒剌沙、梁王王禅、辽王脱脱拥立泰定帝的皇太子当时年仅9岁的阿速吉八,是为天顺帝。燕铁木儿与西安王阿剌忒纳失里打着同情周王和世㻋不幸遭遇的旗号,认为泰定帝乘南坡之变夺得帝位是偏离了正统,此次帝位的传承应该还位于武宗之子,发动了争夺帝位的政变。

和世㻋被仁宗派往云南镇守后,因不满仁宗违背"武仁授受",举兵造反,兵败逃往北方。得到察合台后王的支持,长期占领金山(今阿尔泰山)一带。仁宗、英宗自知理亏,未曾深究。泰定帝上台后也无意干预武、仁之间的内部矛盾。对周王采取友好政策,封周王之弟图帖睦尔为怀王,命其由流放地海南琼州迁至潭州,后迁至京师。但临终前又令其迁居江陵。泰定帝病死于上都,太子阿速吉八也在上都。当时留守大都的佥枢密院事燕铁木儿是武宗旧臣、钦察部功臣土土哈的孙子,他利用自己环卫大都的权力及其家族世代掌握的能征善战的钦察卫,并调动其他各卫宿卫军,在致和元年(1328)八月初发动政变。因武宗长子周王和世㻋远在漠北,燕铁木儿等派人至江陵迎武宗次子、周王之弟怀王图帖睦尔来京师。同时派兵防守要塞,防止泰定帝后王势力统兵南下。并控制腹里大部分地区、河南行省、湖广行省、陕西行省,切断上都与漠南、汉地的联系,还努力争取出镇宗王的支持。九月图帖睦尔即位,改元天历,是为元文宗。

九月、十月,天顺帝阿速吉八的队伍与文宗图帖睦尔手下燕铁木儿的军队展开了"两都之战"。两都之间争夺帝位的这场战争非常激烈,

燕铁木儿父子、兄弟全家上阵,在天历元年(1328)九十月间,燕铁木儿率军经过榆林、榆河、白浮、左北口、紫金关、通州檀子山、卢沟桥、檀州南等战役与上都天顺帝方面的军队反复争夺,十月十三日,任东路蒙军元帅的是燕铁木儿的叔父不花帖木儿,他派人与合撒儿后王齐王月鲁不花联合,乘虚进围上都,留守上都的倒剌沙等被迫出降,天顺帝阿速吉八被俘(或说不知去向)。上都方面群龙无首,军队迅

图4-2 元文宗

速瓦解,倒剌沙和梁王王禅等被处死,大都方面全胜。

由于燕铁木儿父子、兄弟的全力投入,占据大都的文宗取得了最后的胜利。文宗加封燕铁木儿"答剌罕"封号。霍去病是汉朝攻打匈奴战争中的常胜将军,深得汉武帝宠幸。燕铁木儿为文宗争夺帝位时显现的军事才能及立下的功劳,也使他权倾一时。因此萨都剌以霍去病与他相比。但霍去病始终是汉武帝统治下的一名将军,而燕铁木儿最后却把持控制了朝政,甚至将皇帝玩弄于股掌之间,这一点可能萨都剌也是始料未及。

当年铁马游沙漠,万里归来会二龙。周氏君臣空守信,汉家兄弟不相容。只知奉玺传三让,岂料游魂隔九重。天上武皇亦洒泪,世间骨肉可相逢。

这首《纪事》诗是专为元文宗图帖睦尔与其兄周王和世㻋争权斗争所发。如上所述,燕铁木儿本来是要扶持武宗长子周王和世㻋继承帝位。由于和世㻋远在漠北,恐怕时间来不及,燕铁木儿等才改变主意,派人至江陵迎武宗次子、周王之弟怀王图帖睦尔来京师即位。因此文宗在即位诏书中曾许愿要将帝位还给哥哥和世㻋。天历二年(1329)初,文宗先后派使者奉玺宝北上迎接周王和世㻋。正月和世㻋在和林之北即位,是为明宗。四月燕铁木儿到达明宗驻地,率百官上皇帝玺宝。八月一日,明宗到达王忽察都(今河北张北县北),大都近在咫尺。八月二日,图帖睦尔入见明宗。明宗举行宗王诸臣大会,封图帖睦尔为皇太子,决定仿照武仁授受的先例,兄终弟及,叔侄相传。八月六日,年方30岁的元明宗突然中毒暴卒。燕铁木儿立即以皇后之命,奉皇帝玉玺授文宗,为防止明宗旧臣发难,燕铁木儿率宿卫士兵,日夜扈从文宗。八月九日,燕铁木儿护文宗至上都,十五日文宗正式复位。萨都剌的《纪事》是仅见正面记述明宗、文宗争权斗争的诗歌,他为历史学家恢复历史上这段血腥斗争的始末,提供了重要线索。

即位后的文宗为了报答燕铁木儿,大封其三代。又命马祖常作《太师太平王定策元勋之碑》立于京师北郊。至顺元年(1330)五月,文宗又加封燕铁木儿:

开府仪同三司、上柱国、太师、太平王、答剌罕、中书右丞相、录军国重事、监修国史、提调燕王宫相府事、大都督、领龙翊亲军都指挥使司事。凡号令、刑名、选法、钱粮、造作,一切中书政务,悉听总裁。诸王、公主、驸马、近侍人员,大小诸衙门官员人等,敢有隔越闻奏,以违制论。

加封的头衔多达53字,这大概是蒙古建国以来给功臣头衔最多、权力最大的一次加封,这种无奈的独宠直接导致了文宗时期燕铁木儿独秉大权、挟震主之威、肆意无忌的局面。

至顺三年(1332)八月,文宗晏驾,萨都剌在江南写下《宣政同知燕京间报国哀时文皇晏驾》一诗,以"雨倾盆""天柱倾""东南山水失颜色,一夕秋风来上京"形容自己听到这个噩耗的震惊和悲哀。文宗去世后,帝位继承问题又起风波,以致到十月新帝还未即位。国不可一日无君,宗室大臣中开始有风言风语传出,大约在这时萨都剌写下了《鼎湖哀》:

> 荆门一日雷电飞,平地竖起天王旗。翠华遥遥照江汉,八表响应风云随。千乘万骑到关下,京师复睹龙凤姿。三军卯破古北口,一箭血洗潼关尸。五年晏然草不动,百谷穮稬风雨时。修文偃武法古道,天阁万丈奎光垂。年年北狩循典礼,所在雨露天恩施。宫官留守扫禁阙,日望照夜回金羁。西风忽涌鼎湖浪,天下草木生号悲。吾皇骑龙上天去,地下赤子将焉依。吾皇想亦有遗诏,国有社稷燕太师。太师既有生死托,始终肝胆天地知。汉家一线系九鼎,安肯半路生狐疑。孤儿寡妇前日事,况复先生亲见之。

首8句萨都剌追述了燕铁木儿两都之战的胜绩,其次8句写文宗上台以来国家太平、修文偃武的政绩。文宗虽然是以不光彩的手段占据了皇位,但他本人受他的姑姑鲁国大长公主祥哥剌吉的影响,擅诗文、能书画。他的诗歌《元诗选》卷1存有《自集庆入正大统偶吟》和《望九华》两首;他的书法今存王振鹏画龙舟扇面上正中所题"妙品"二字,收藏在美国波士顿美术博物馆。祥哥剌吉是一位书画艺术收藏家,至治三年(1323)曾以自己所收藏的书画举办艺文盛会,参加盛会的有中书议事执政官、翰林院、集贤院等在位官员和全国著名文士。泰定元年(1324)鲁国大长公主将女儿卜答失里嫁于还是怀王的图帖睦尔。文宗的文化素养决定了他上台以后延续仁宗以来的倾向汉化政策,采取了一系列崇儒文治的措施。天历二年(1329)三月成立奎章阁学士院,秩正二品,置大学士两员。设立奎章阁的目的原本是为了进行宫廷教育,使儒士参与议事。但由于燕铁木儿当权,奎章阁充其量只能做一些搜集经史典籍、编纂翻译皇室典章、保管整理并鉴定内府文物书画的工作。著名文人虞集、赵世延、沙剌班、嵘嵘、揭傒斯、宋本、欧阳玄等人都曾入阁。文宗去世后,脱脱实施新政,改奎章阁为宣文阁,再度成为对皇帝进行经筵教育、议政之处。天历二年(1329)九月,诏修《经世大典》,奎章阁在完成这项工作中起到了很大作用。但文宗的文治无法解决当时严重的社会问题,对燕铁木儿的所作所为他也只能听之任之。

自"西风忽涌鼎湖浪"以下 4 句,写文宗去世。至顺三年(1332)五月,文宗去上都避暑时生病,八月病重,不治而亡。"吾皇想亦有遗诏"以下,写文宗去世后帝位的继承问题。从诗歌内容分析,萨都剌是寄希望于太师燕铁木儿能执行文帝遗诏,尽快确定大局。萨都剌的另外一首诗《威武曲》,在歌颂了燕铁木儿"手扶天子登龙床""五年垂拱如尧汤"之后,在诗歌结尾他大呼"毋使三月人皇皇,毋使三月人皇皇",从八月文宗去世,至十月宁宗即位,正好 3 个月,萨都剌在诗中也是表达自己寄希望于燕铁木儿尽早确定帝位继承人,勿使国家人心惶惶的愿望。不知萨都剌此处是委婉讽谏,还是不知内情,实际上致使帝位继承者迟迟不能确定的人,正是燕铁木儿。文宗伙同燕铁木儿毒死明宗后,又害死明宗皇后八不沙,将明宗长子妥懽帖睦尔先后送往高丽和静江(今广西桂林)软禁。拥立文宗的大臣们因为担心将来明宗后代继承帝位报复自己,在至顺元年(1330)八月、十一月、十二月三次请立文宗长子燕王阿剌忒纳答剌为皇太子,当然群臣背后是权臣燕铁木儿的支持。文宗在推脱多次未果的情况下无奈答应了群臣的请求。至顺二年(1331)正月,阿剌忒纳答剌突然病死。文宗在巨大的精神折磨中也于至顺三年(1332)八月病死于上都,年仅 29 岁。

杀兄即位,长子病死,使文宗心有不安,所以临终留下遗言,希望传皇位于自己兄长明宗的儿子妥懽帖睦尔。但燕铁木儿是当年帮助文宗杀害明宗的帮凶,他害怕明宗之子继承帝位后,有朝一日会报复他,于是屡次劝说皇后卜答失里立自己的儿子燕帖古思为帝。卜答失里当年曾参与宦官谋害明宗皇后八不沙的行动,信奉佛教的卜答失里认为自己的大儿子皇太子阿剌忒纳答剌早夭就是遭了报应,担心自己剩下的这个小儿子燕帖古思如果继承皇位,也会再遭不测,因此坚持要执行文宗遗诏。燕铁木儿考虑再三,十月立明宗次子年仅 7 岁的鄜王懿璘质班为帝,尊卜答失里为皇太后,是为宁宗。这位小皇帝十月即位,十一月就因病而亡。

燕铁木儿与太后卜答失里,在是立文宗之子燕帖古思为帝还是立明宗长子妥懽帖睦尔继承帝位的问题上又一次发生争执。太后命中书右丞阔里吉思到广西静江请妥懽帖睦尔回京即位,妥懽帖睦尔一行走到良乡时,遇见了太后派出的迎接嗣皇随行人员的太常礼仪使。被接入宫的妥懽帖睦尔拜见了太后,等待即位。但两个多月过去了,由于燕铁木儿的极力阻挠,即位大典一直未能举行。朝政由燕铁木儿主持,奏明太后批准后执行。燕铁木儿自秉大权,肆意无忌,纵欲无度,有时一次宴席能宰杀 13 匹马,他将泰定帝后娶为自己的夫人,前后娶宗室之女 40 人,有的女子被娶进门后三天就被遣归,他后房充斥的女子太多以致有些他自己都不认识。两个月后体赢溺血而死。萨都剌闻讯,写下《如梦曲哀燕将军》:

芙蓉花,为谁好,洞房昨夜将军老。将军老去空铁衣,漆灯照室人不归。

宫锦袍,毡帐高,将军夜酌凉蒲萄。蒲萄力重醉不醒,美人犹在珊瑚枕。

海子头,谁家楼,绣帘半卷风悠悠。行人谓是将军府,将军不来罢歌舞。

将军容,丹砂红,威风凛凛盖世雄。出门千骑塞行路,今日萧萧去何处。

平村曲,春水绿,将军猎回曾此宿。将军一去成荒丘,依旧平村春水流。

皂雕鹰,紫骝马,将军围猎平沙野。朔风萧萧吹野寒,将军战马游不还。

将军功,世莫比,皇都甲第连云起。将军一去空锁门,上马台边无一人。

皓齿歌,细腰舞,绿窗朱户将军府。将军老去无少年,为野草兮为荒田。

如花人,樱桃唇,傍人近前丞相嗔。繁华日日笙歌动,世事悠悠总如梦。

朝作乐,暮作乐,朝暮杯盘金错落。日出欲尽东方明,欢乐未已悲哀生。

借用古代歌行体,萨都剌在每首诗前半段极力铺陈燕将军昔日享受的荣华富贵,后半段尽力渲染不可一世的燕将军死后的寂寞荒凉。在今昔对比之中表达繁华如梦、乐极生悲的感慨。燕铁木尔(？—1333),钦察氏。武宗镇朔方,其备宿卫,武宗即位,其任宣徽院同知。皇庆元年(1312),袭左卫亲军都指挥使,致和元年(1328)累迁枢密院佥书。泰定帝崩,因迎立文宗有功,拜中书右丞相,封太平王。卒后谥号忠武。

三年的时间,在历史中只是一个瞬间。萨都剌在江南行台掾任上任期已满,元统二年(1334),他调任燕南廉访司照磨,正九品。这时已是元顺帝妥懽帖睦尔掌管天下了。离开江南除了官职有了微微提升,对萨都剌而言更重要的似乎是他收获了很多友谊。与萨都剌"登台曾并辔,射策又同文"的同年观志能,名观音奴(Goolyinliu)(？—1343前),字志能,唐兀氏,即党项族。居新州(今属广东),泰定四年(1327)进士。与萨都剌同于至顺三年(1332)任南台令史。两人在任上共同出游了很多地方,现在任满两人又同时北还,萨都剌作《送观志能分得君字志能与仆同榜又同南台从事考满北还》,以"无日不思我,有诗还寄君"表达惜别。

与萨都剌同年并将赴同地任职的友人,还有一位是索元岱。索元岱,字士岩,大名(今属山东)人。与萨都剌同为泰定四年(1327)进士,历翰林编修、御史台掾兼经筵检讨,出为燕南宪司经历,至正二年(1342)迁南台御史,第二年进都事,为《南台类纪》(《南台备要》)作序,调浙东佥宪。萨都剌在这首《题进士索士岩诗卷》小序写道:"士岩与余同榜,又同为燕南官,由翰林编修为御史台掾,兼经筵检讨,除为燕南廉访经历。"燕南廉访经历,从七品。虽为同年,又将同赴燕南河北道廉访司任职,但官职已有明显区别,萨都剌心中感慨良多,心情格外复杂。《题进士索士岩诗卷》让我们捕捉到了萨都剌此时的心绪:

忆昔登天府,文华萃帝乡。俊才鱼贯列,多士雁成行。宝剑悬秋水,骊珠耿夜光。三场如拾芥,一箭已穿杨。上策师问孔,蜚声陋汉唐。凤池开御宴,虎榜出宫墙。赐笏丘山重,恩袍雨露香。天花皆剪翠,法酒尽封黄。冠盖游三日,声名满四方。历阶超宰辅,捧表谢君王。第甲分三级,镌碑立上庠。曲江嘉宴会,合席尽才良。契谊同昆弟,比和鼓瑟簧。誓辞犹在耳,离思各惊肠。台阁需材器,儒林作栋梁。超迁乌府掾,辉映绣衣郎。迫晏封几事,平明出奏章。日披坟典旧,时念簿书忙。检讨超经幄,论思近御床。圣朝稽古道,日暮下回廊。羁旅燃薪桂,长吟出锦坊。弱妻贫且病,赢马瘦仍僵。穷巷回车辙,空厨泛酒浆。故人传奏目,请便趣行装。皇极三台重,燕南各道昌。承恩辞魏阙,揽辔去恒阳。晓幕芙蓉露,秋空柏树霜。诸司循直矢,群吏肃宋纲。汉水浮神马,岐山出凤凰。行须冠獬豸,已见走豺狼。惭愧蓬蒿翼,乘风亦下翔。

当年济济人才,名列皇榜,进士高中。在京城沐浴着皇恩,传播着美名,新科进士意气昂扬,立下宏愿。沉浸在荣耀和豪气中的享受还未散尽,新科进士们带着各自的使命,又奔赴新的岗位了。"台阁需材器,儒林作栋梁"是好友的互勉,"迫晏封几事,平明出奏章。日披坟典旧,时念簿书忙"是他们的奋斗与辛劳。"契谊同昆弟,比和鼓瑟簧"的同年好友,在七年任职后,重新聚首,而且将在同一个部门任职,萨都剌以"诸司循直矢,群吏肃宋纲"相赠相勉。终因自己地位已不如人,因此最后在"惭愧蓬蒿翼,乘风亦下翔"的自惭中结束全诗。

北上途中,八月在瓜州江风山月亭上,萨都剌又与相聚的友人朱舜咨、王伯循、了即休饮酒赋诗话别。王理,字伯循,兴元南郑(今属陕西)人。泰定元年(1324)进士,官翰林编修、南台御史、广东佥宪。契了,字即休,京口鹤林寺长老,为余杭径山虎岩净伏弟子,属大鉴下第二十三世。朱舜咨生平不详,时任淮东宪副。萨都剌与王伯循有较多来往,诗集中共见6首写给王伯循的诗歌。而了即休则是他在江南时的好友之一,萨都剌集中共见写给了即休的诗歌12首。即休为即将北上的萨都剌作《少年游次韵送萨经历》一词,"燕南不比江东近,诗句寄来不"一句尽诉惜别之情。离别的伤悲虽然使萨都剌在《寄朱舜咨王伯循了即休》一诗中发出了"人生聚散,信如云萍,倒指岁余,旧游如梦"的感慨,但对诗的热爱,很快化解了这种伤悲,他以朱舜咨诗句"雨过江色净"五字每字为韵,赋诗寄予朱舜咨、王伯循、了即休,新诗创作的乐趣和江南的风情让萨都剌的离别诗意显得趣味盎然又充满生机,离愁被冲得很淡、很淡。

萨都剌新任职的燕南廉访司全称是燕南河北道廉访司,是元代御史台下属的八个内道之一。内道指隶属中书省腹里地区管辖的行政区划单位。燕南廉访司的司衙设在真定路真定府(今河北正定)。萨都剌所任"照磨"职务,是掌司衙的"钱谷出纳、营缮料理"等事,还兼"管勾"一员,即兼管档案、刑狱等事。在廉访司里,仅正九品之衔,大体上相当今日一机关单位的"秘书"之职。

燕南河北道廉访司主要职责,据《元史·刑法志》记载:

> 诸廉访分司官,每季孟夏初旬,出录囚,仲秋中旬,出按治,明年孟夏中旬还。其惮远违期、托故避事者,从监察御史劾之。诸廉访司分巡各路军民,官吏有过,得罪状明白者,六品以下牒总司论罪,五品以上申台闻奏。诸廉访司官,擅封点军器库者,答三十七,解职别叙。诸官吏受赃,事主虽不告言,监察御史廉访司察之,实者纠之。诸行省官及首领官受赂,随省廉访司察知者,上之台,已下就问。诸行省理问所见问公事,廉访司辄逮问者,禁止。诸职官

受赃,廉访司必亲临听决,有必不能亲临者,摘敌品有司老成廉能正官问之。

看来廉访司的官员,尤其每年在各地巡视的官员,职责还较重要。萨都刺作有《元统乙亥余录囚至沧州坐清风楼》《录囚河间还司送宪使韩仲宜调山东》,可知元统三年(1335)萨都刺曾往沧州(今河北沧州)、河间(今河北河间)录囚,所谓"录囚"是对监狱在押犯人进行复查甄别等,又作谳囚等,有冤狱的可借此平反,主要由监察部门官员进行。元代地方监察部门分廉访司二十二道,每年廉访司会分派官员到本辖区各个地方巡视,称"分司"。萨都刺作为廉访司九品小官,可能是跟随上司廉访使、副使或佥事等到各地录囚。"还司"是指回到"总司"即廉访司治所。

萨都刺作有《元统乙亥岁集贤学士只儿合舟奉旨代祀真定路玉华宫睿宗仁圣景襄皇帝影堂仆备监礼》,可知他还曾在集贤学士只儿合舟奉旨在真定路玉华宫睿宗皇帝影堂代为祭祀的活动中担任监礼。睿宗皇帝名拖雷,是成吉思汗的第四子,宪宗追谥为英武皇帝,元世祖至元二年(1265)改谥为景襄皇帝。影堂是神御殿的旧称,即陈列祖宗御容(画像),供后人祭拜的地方。天历二年(1329)改称神御殿。按照元代祭祀制度,被陈列的皇帝御容,都由纹绮局织锦绣出,供奉每位皇帝的殿各有专名。玉华宫孝思殿不在都城,设在郡国真定,为元世祖忽必烈所立。每逢忌日由本路官吏祭奠。

除了零星可见的这些公事,加上萨都刺游览当地名胜的时间,这似乎就是萨都刺在燕南任职的主要生活内容了。萨都刺在燕南河北道廉访司任职时间有两个年头,实际任职时间约一年,他的官位有了升迁,新的职位是任闽海廉访司经历,正八品。

按元朝制度,一个官员通常需要在他的岗位上任职满三年以后才能升迁。萨都刺为何能在这个岗位上任职一年有余就升迁了呢?实际上元代官员官职的升迁除了官员的业绩考核之外,结识有较显著地位或文名的官员获得荐举也是成功的关键。如上所述,燕南河北道廉访司的位置在腹里地区,这里是有权有势人物的聚居区,在这里萨都刺先后结识了大名文济王和中书参政许可用。

蛮子(Mantsi)，元世祖忽必烈的孙子（脱欢之子），元统二年(1334)封文济王，镇大名，至正十三年(1353)卒。

许有壬(1287—1364)，字可用，其先世居颍（今属安徽），后徙汤阴（今属河南）。延祐二年(1315)举进士，授辽州同知，后迁南台御史，入为监察御史，元统二年(1334)累迁治书侍御史，拜中书参政，改侍御史，辞归。后至元六年(1340)复为中书参政，进左丞，复辞归。至正六年(1346)起为翰林承旨，改御史中丞，以疾归。至正十三年(1353)再起为河南左丞，仕至集贤大学士。卒谥文忠。

蛮子是亲王，地位无须赘言。中书省是国家的中枢机构，自元太祖忽必烈起，中书令均由皇太子兼任，负责典领百官，会决庶务，中书参政，官级从二品，在当时也是南人不可企及的官位。蛮子于元统二年(1334)四月被封为文济王，五月诏文济王蛮子镇大名。大约在1335或1336年新年前，文济王赐彩缎于萨都剌，萨都剌作《仆官燕南照磨大名文济王重赐彩二端赋诗以谢》，"府中重遭年前赐，幕下多承望外恩"是萨都剌收到重礼后心情的写照。以萨都剌当时的地位，要结识文济王似乎是难度很大，那么萨都剌是通过什么途径结识蛮子亲王的呢？也许从他的《寄文济王府教授郭尚之》中我们可以找到一点线索。郭尚之，生平不详，在萨都剌的笔下他是一位"不爱时名题雁塔，愿将苦学授龙孙"的文人。他与萨都剌一样，喜欢饮酒论文，两人在文济王府曾饮着酒，谈论着儒经，气氛之融洽，以致他们只恨酒杯小、时间短，早已忘了两人是身在尊贵的文济王府中。文济王赐礼向萨都剌表示友好，也许郭尚之就是中间的牵线人。

萨都剌是如何结识中书参政许可用的？从目前现有的文献分析，可能是通过献诗。他在《寄参政许可用》中写道：

紫髯参政黑头公，日日鸣珂近九重。花底听莺黄阁散，御前批凤紫泥封。却将笔下文章润，散作人间雨露浓。未信吟诗趋幕府，寒霜翠袖倚芙蓉。

在接到任命后，开春许可用派人送来春茶，萨都剌作《元统乙亥岁余除闽宪知事未行立春十日参政许可用惠茶寄诗以谢》,全诗首联写春天到来,颔联写参政惠茶,颈联赞美茶清味香,尾联是"清风两腋归何处,直上三山看海霞"。福建古代又称三山,曾巩《道山亭记》载有"三山"之名的由来:城中有三山,东曰九仙、西曰闽山、北曰越王,所以福建郡有三山之名。萨都剌即将上任的闽海廉访司经历职位就在福建,因此从这首诗尾联分析,许可用似应知道萨都剌即将赴任福建,而萨都剌似也在用这句诗表明自己将尽快赴任的决心并辞行。

萨都剌任闽海廉访司经历的时间是1335年下半年,但至第二年四月初八他才到任,据到任时间推算,他似应是在1336年春天,也就是许可用惠茶后不久出发的。临行前《留别同年索士岩经历》一诗,又泄露了他内心对即将赴任之职的一丝犹豫与不满:

> 欲落不落天上雪,欲去不去闽中人。红尘香暖荔枝国,白日醉卧芙蓉茵。功名富贵傥来物,政事文章岂足珍。人生所贵在知己,四海相逢骨肉亲。在知己,宁论千里与万里。志士鸡鸣中夜起,秋雨粼粼剑光紫。

萨都剌在初去镇江任职时,就因水土不服而多次生病。如今要去更南边的"蛮荒"地区福建,也许这是他心生犹豫的原因之一。当然远离自己熟悉的地区与人们,去一个完全陌生的地方任职,将如何重新适应当地生活本身也是一个挑战。但毕竟对走上仕途的人来说,国家的需要才是个人的需要,萨都剌懂得这个道理,因此在诗的结尾,他用志士鸡鸣勉励自己。

在《寄南台诸公》中萨都剌把自己将赴福建而心生的不满说得更为直露:

> 今日霜台梗介臣,明朝雪岭渡关人。黄芽万里埋冠盖,青史千年重缙绅。谩尔声名身后定,何如公道眼前伸。故人俱是乘骢客,应念沉沦瘴海身。

从天子脚下的腹里地区到南荒的福建,在萨都剌眼里犹如发配,希望南台同事莫忘了自己"沉沦瘴海"的呼唤,透露了萨都剌对南下后何时能北返的隐隐担忧。

致使萨都剌犹豫的某些预感在他到任后得到了一些证实。"三山幕府无公事,多病郎官懒出门""海上三山路不遥,地僻题诗公事少""人言幕府最清严""沉沉幕府似云林"萨都剌的诗句让我们看到:他的工作环境枯燥而无生气,他的生活闲散无聊。究竟是当地真无什么事做,还是作为北方的色目人,萨都剌根本无法融入当地的权力机构?他的诗句"浩荡燕山新雨露,弥漫瘴海旧风波。门前空有朝天路,世事羁縻欲奈何",燕山指大都,瘴海指福建,似在暗暗向我们透露在激烈的地方权力斗争中他的无奈。因为远离政治中心,信息闭塞,萨都剌在福建任职期间反映国家重要事件的诗歌明显减少,感叹"地僻题诗公事少"的萨都剌,与感叹"自笑江南无用客,一春无事只题诗"时的诗歌创作状态,已经有了明显变化。看他的《苦雨水溢呈宪司诸公》:

> 病客如僧懒,多寒拥氄裘。三山一夜雨,四月满城秋。海瘴连云起,江潮入市流。钓竿如在手,便可上渔舟。

一向对公事认真投入、耿介直言的萨都剌,面对在福建无奈的生活,已经有了旁观游戏的心态。再看他的《经历司暮春即事》:

> 隔树幽禽送好音,沉沉幕府似云林。小盆几个山茶落,桃叶满帘春雨深。双飞海燕拂帘过,风卷鱼鳞剪绿波。闲倚石阑数春事,满池红雨落花多。

对生活充满热爱的诗人,干脆将沉沉幕府想象成了充满生机的大自然,山茶、桃花、飞鸟、海波,身处在自己想象的春机盎然的环境中,诗人尽享着春色的美丽。

想象的美丽终究是暂时的,面对现实萨都剌借寄诗向旧友表达着自己处境不佳的呼唤。他在《寄廉公亮》中写道:

> 天涯流落思冲冲,台阁多君义气同。京国十年同献策,潇湘万里独飘蓬。故人奋迅云霄上,远客羁迷瘴疠中。欲寄相思无雁过,梦随流水到江东。

廉惠山海牙,字公亮,畏兀儿人,廉希宪弟弟廉希愿之子。在南京长大,至治元年(1321)登进士第,授顺州同知,入为监察御史,迁都水监,致和元年(1328)除秘书监丞,后至元三年(1337)累官南台经历,至正初年参与编撰辽、金、宋三史,是《辽史》撰稿人中仅有的西域人。史书成,任兵部尚书。至正年间历河南、湖广、江西、福建四行省右丞,迁江浙行宣政院使,拜翰林学士承旨,知制诰兼修国史。籍贯北庭(今属新疆)的廉氏家族,是元朝著名的色目世家巨族,对元代朝政产生过重要的影响。廉氏第一代布鲁海涯、第二代廉希宪都是元朝名臣,廉希宪位至丞相,被誉为"廉孟子"。廉公亮任秘书监丞时,萨都剌曾作《彭城杂咏呈廉公亮佥事》,两人似应早有往来。这首诗中萨都剌又一次提到自己在《寄南台诸公》中表达的身陷瘴海的境遇,是希望唤起旧友的注意,还是在求援呢?

不知是不是萨都剌寄诗的效果,后至元三年(1337),萨都剌终于等到了调自己北还的任命,他即将上任的职位是燕南河北廉访司经历,从七品,在福建任职三个年头后,北还的萨都剌将要担任的职位正与他当年离开江南行台掾职位时自己的同年索元岱担任的职位相同。萨都剌同年,元代著名诗人杨维桢说萨都剌官至燕南宪司经历,这个记载可以作为我们结束萨都剌仕宦任职的一个说法,但这个说法尚有待于其他文献证明。

如果把萨都剌的事迹比作漂浮在历史时空中的一支风筝,而他的作品是向我们传递信息的风筝线,萨都剌在这以后的事迹就像断了线的风筝。我们做过许多努力,想重新抓住那条断了的风筝线,都没能如愿。也许历史之谜的解答还需要新的发现。

5　行踪及活动之谜

5.1　中举前行踪与运河之行探寻

自称籍贯燕山（今北京）的萨都剌，大都似应是他的主要活动地之一。我们找到萨都剌至大年间在大都写给金山长老的诗歌《寄金山长老》：

> 阿师召到金銮殿，喜动龙颜坐赐茶。三宿观堂谈般若，九重春色上袈裟。波涛险处龙藏钵，鸿雁来时月印沙。归到江心旧禅榻，妙高台上望京华。

张莱的《京口三山志》卷4收录该诗，诗题为《送长溪归金山》，同书卷2载"元长溪应深，至大间敕住金山寺"，据宋人卢宪撰《嘉定镇江志》载"金山在江中去城七里"，金山寺在金山上，最高峰为妙高峰，有妙高台。从《送长溪归金山》这个诗题和诗中内容分析，该诗应作于长溪奉旨后尚未回金山时，即作于至大年间（1308—1312），这时萨都剌不到30岁，尚未步入仕途，听到长溪被封金山长老的消息后，作诗赠送。

> 平生梦想金陵道，此日偶然身自来。应是山云喜诗客，野花满路雨中开。

> 梦想江南今日到，肩舆过处落花风。行人五月金陵道，石竹花开白雨中。

这是萨都剌《金陵道中遇雨寄功父光国》五首的其二和其五。从诗中内容分析，这应是萨都剌首次到南京所作，时间应在入仕以前。南京是萨都剌诗中提到最多的地方之一，也是令他印象深刻的地方。萨都剌许多著名的诗词就是以南京为题材，如《百字令·石头城》《钟山

·欧·亚·历·史·文·化·文·库·

遇风雨》等。虽然萨都刺后来写到南京多是以南京的山川、古迹为题，但第一次进入梦想的江南古都，萨都刺印象最深的是五月江南的水和草木。在诗中他选取的景物除了雨水、溪水，还有石竹花、野花和落花。他在诗中表现的情绪充满了轻松、愉快和欣喜。

> 逆风吹河河倒行，阻风时节近清明。南人北人俱上冢，桃花杏花开满城。虽云年少惯作客，便觉此日难为情。河鱼村酒亦足醉，赖有同船好弟兄。

这是萨都刺乘船沿大运河南下，经过崔镇（今属江苏）时所作，元代崔镇属河南江北行省淮安路，时间是春天，诗题为《阻风崔镇有感》。崔镇是大运河徐州至清江中间的一站。

> 解缆不忍发，船头雨湿衣。汝兄犹是客，吾弟独先归。行役关河远，虚名骨肉稀。如何双双雁，不作一行飞。

> 鸿雁飞南北，关河隔弟兄。水通郧子国，舟泊汉阳城。落木风霜下，高秋鼓角清。故人如问讯，为我道乡情。

这两首诗歌是萨都刺写给他的弟弟萨天与的，诗题分别为《九月七日舟次宝应县雨中与天与别》和《寄舍弟天与》，时间都是在秋天。春天时兄弟俩还在运河的船上共同与逆风抗争，到秋天还是在运河上两人却不得不分别了。"汝兄犹是客，吾弟独先归"是说萨都刺还要继续奔波，让年少的弟弟先回家；"水通郧子国，舟泊汉阳城"似指弟弟要回去的地方；"故人如问讯，为我道乡情"似说汉阳城的老朋友如果问到我的消息，就说我也想念他们。宝应（今江苏宝应）在运河高邮与淮安之间，元代宝应属高邮府。至元十六年（1279），元将此地改为安宜府。至元二十年（1283），降府为县，划属高邮府。第二首诗中提到的地名汉阳城似应指孝感（今湖北孝感）。《大明一统志》卷61记载：萨都刺"幼时侨寓孝感"，这一记载的文献来源没有说明，也许就是从这两首诗歌内容推断出来的。《元史》卷59《地理二》记载：元代孝感属德安府。德安府唐代称安州，又改名安陆郡，后来又改为安州。宋代改为德安府，咸淳间徙治所到汉阳。元至元十三年（1276）还旧治，隶湖北道宣慰司。至元十八年（1281）罢宣慰司，直隶鄂州行省，为散府，后割来属德安府。户 10923，口 36218。领县四、州一。四县为：安陆、孝感、应城和云梦。萨都剌在诗中将孝感称为汉阳城，应使用的是宋代治所的名称。萨都剌在使用地名时喜欢用古称，如前面提到的将镇江称为京口，将大都称为燕山。有意思的是萨都剌在使用地名古称时，似乎还有喜欢宋代称呼的特点，如大都，辽开泰元年（1012），将析津府地（今北京）号为燕京，宋宣和（1119—1125）中改名燕山府，不久入金称燕京，元初为燕京路，号大兴府。至元初建中都后改为大都路。大都曾被称为"燕山"只有在宋代。孝感隶属德安府，徙德安府治所到汉阳，也是在宋代。孝感所在地是春秋时郧子国属地，因此江苏宝应、湖北孝感也是萨都剌曾经经过和居住的地方。

上述 5 首诗似应都是萨都剌未中举时所作，南京、崔镇和宝应，似都是他在经商旅途中的经行地，大都和孝感似为他长期居住过的地方。此外他还作有《题潭州刘氏姊妹二孀贞节》《大别山》等，潭州路今属湖南长沙，大别山在今湖北安徽交接处，可知他的行迹曾到过这些地方，但到这些地方的时间已不可考。

萨都剌的行迹基本是在两都和江南之间，贯通南北的行程基本是行走在大运河上。上述大都、崔镇、宝应都是运河的沿线城市，金陵在长江沿岸，通过长江与运河相连。萨都剌诗集中留下了丰富的写运河的诗歌。

实际上用诗歌对大运河进行抒写，可以追溯到隋代大规模开挖时，公元 584 年，隋文帝开始开凿大运河，至 610 年由隋炀帝最后完成。隋炀帝由于求成心切，滥用民力，导致了隋代过早灭亡。这是人们通常对大运河开凿的基本认识。其实大运河的开挖，最早始于春秋时代。历史文献确切记载，公元前 486 年（周敬王三十四年），吴王夫差开凿了从江都（今扬州）到末口（今淮安）的南北水道邗沟，此后战国时魏国开鸿沟，三国时曹魏开白沟、平虏渠、利漕渠，孙吴开破岗渎。但这些运河规模都不大也不连贯，没有形成一个完整的水运系统。隋朝统一全国后，充分利用了过去开凿的运河和天然河流，开凿了通济渠、永济渠，重修了江南运河，终于凿成和疏通了以国都洛阳为中心，北抵河北涿郡、南达浙江余杭的大运河,在很大程度上改变了中国的河流主要都是东西走向,尤其是黄河、长江横贯东西,没有南北水道,形成的是横向封闭的自然水系,严重制约着全国各地尤其是南北方的交通往来,既不利于国家的统一,又不利于经济的发展和文化的交流的状况。北宋建都开封,开凿整治了汴河、惠民河、广济河、金水河以及江淮运河、江南运河、两浙运河等重要运河河道,把江浙、两淮、荆湖等南方地区与河北、京东、京西以及京畿一带北方地区连接起来。南宋灭亡以后,元代江南物资的北运,主要还是利用隋代开凿的运河。当时运河的走向是由杭州至镇江,过长江北上入淮水,西逆黄河至中滦(今河南省封丘县),然后陆运至淇门(今河南省淇县东南),通过御河(今卫河)、白河水道达通州(今北京通县),再陆运至大都。这条路线,水路并运,曲折绕道,极其不便。为了解决内河运输问题,忽必烈时期进行了三次大规模的运河改造工程。

至元十八年(1281)至二十年(1283),在奥鲁赤等人主持下,引汶水和泗水,开凿了从济州(今山东省济宁市)西北至须城安山(今山东省东平西南)的济州河,全长150里。济州河开通以后,由运河北上的漕路,从淮河入泗水,经济州河至安山,沿着大清河(今黄河下游)入海,经海路到直沽(今天津市大沽口)。至此,南北间仅存山东东阿和临清之间两百余里的旱路。

至元二十六年(1289),由忙速儿等人主持,再次开凿运河。起于须城安山西南,至于临清御河,全长250余里。历时6个月,于当年竣工。新开的这段河,赐名会通。会通河贯通了运河南北航运全线,以前开凿的济州河后来也通称为会通河。

至元二十八年(1291),郭守敬建议开凿大都至通州的河道。当年春季开工,第二年秋季竣工,总长160余里,赐名通惠河。通惠河的开通,使北上的漕船能够一直开进大都城。

元代开凿的大运河,南起杭州,北到大都,沟通海河、黄河、淮河、长江、钱塘江五大水系,采用南北取直的弦线,全长3000余里,总行程比隋代运河缩短了900公里。也使以前成多支型分布的运河转变成单线型的大运河,奠定了此后京杭大运河的基本走向和规模。忽必烈时期元代还先后开辟了三条海运航道线路,一般海运主要用来运送由江南供给大都的粮食,内陆运河主要运送南来北往的旅客和体积或分量较小的货物。

> 舳舻千里泛归舟,言旋旧镇下扬州。借问扬州在何处,淮南江北海西头。六辔聊停御百丈,暂罢开山歌棹讴。讵似江东掌间地,独自称言鉴里游。

这是隋炀帝在江都(今扬州)宫里作的《泛龙舟》。诗歌描述了隋炀帝在运河巡游、驶往扬州的浩大排场。侍臣虞世基及其弟虞世南也写有《奉和幸江都应诏诗》,虞世基有"泽国翔宸驾,水府泛楼船"的诗句,虞世南有"安流进玉舳,戒道翼金吾"的诗句,都是描述巡游队伍的。隋朝君臣上下对运河巡游一片赞扬。至今围绕隋炀帝修大运河的目的问题仍有争论,其中一种意见认为隋炀帝修大运河就是为了南下巡游,而隋炀帝君臣的这些歌颂巡游的诗歌就是例证之一。不管隋朝皇帝开凿运河的目的究竟是什么,唐代文人皮日休在《汴河铭》中对这一行为的评价"在隋之民,不胜其害也;在唐之民,不胜其利也"可以说是较为客观的评价。当然如果把"在唐之民"改为"在后世之民"就更合适了。

到了唐代,运河诗歌成了繁盛大唐诗歌中的一个重要题材。

> 清淮控隋漕,北走长安道。樯形栉栉斜,浪态迤迤好。初旭红可染,明河澹如扫。泽阔鸟来迟,村饥人语早。露蔓虫丝多,风蒲燕雏老。秋思高萧萧,客愁长袅袅。因怀京洛间,宦游何戚草。什伍持津梁,颒涌争追讨。翻便讵可寻,几秘安能考。小人乏馨香,上下将何祷。唯有君子心,显豁知幽抱。

这是杜牧的《赴京初入汴口晓景即事先寄兵部李郎中》,描写的是运河汴口秋天晨景。清晨的景色总是给人生机勃勃的感觉,红日微染,水波平缓,桅杆稍斜,江水清澈。可是和煦的晨光下,也掩藏着淡淡的哀愁:正是秋天收获季节,百姓已开始挨饿,奔波在宦途不断品尝着苦辛和艰难,杜牧唯有以君子豁达之心自勉。

·欧·亚·历·史·文·化·文·库·

悠悠涉伊水,伊水清见石。是时春向深,两岸草如积。迢遰望
洲屿,逶迤亘津陌,新树落疏红。回瞻洛阳苑,遽有长山隔。烟雾
犹辨家,风尘已为客。登陟多异趣,往来见行役。云起早已昏,鸟
飞日将夕。光阴逝不借,超然慕畴昔。远游亦何为,归来存竹帛。

这是韦述的《晚渡伊水》,描写的是运河伊水春天傍晚,春草茂盛,
春花凋零,云昏日落,鸟将归林。但漂泊的游子行迹匆匆,离家越来越
远。想到时光荏苒,诗人慨然生出思归之心。

除了描写运河风光,唐朝诗人有大量诗篇写运河沿岸的城市。李
白《魏郡别苏明府因北游》描写魏郡(魏州,今属山东)河里舟船繁忙、
两岸车马往来、英雄相聚、美女如云的景象。刘禹锡《和汴州令狐相公
到镇改月偶书所怀》描写了汴州的地理形势,城区的热闹繁华与豪奢
的生活风气。白居易《自余杭归宿淮口作》,写于"淮水东南第一州"的
楚州,楚州古称淮阴,在今淮安。这里发生过韩信与漂母相遇的故事。
枚乘、枚皋的遗址,隋堤柳的遗址都在这里。至于到过扬州的唐代诗人
比比皆是,如李白、孟浩然、白居易、杜牧等。唐代扬州运河,已从吴王
夫差开通邗沟时的军事目的,转化为担任漕运及运送其他货物的经济
目的,扬州城也已成为工商业者聚居的商业繁华城市。韦庄《过扬州》
写道:"当年人未识兵戈,处处青楼夜夜歌。花发洞中春日永,月明衣
上好风多。淮王去后无鸡犬,炀帝归来葬绮罗。二十四桥空寂寂,绿杨
摧折旧官河。"充满了繁华落尽是一梦的历史兴亡感叹。运河扬州站
再往南走就是润州,杜牧作有《润州》,润州在唐以前称京口,元代称镇
江,萨都剌走上仕途后的第一任官职就是任镇江录事司达鲁花赤。担
任过苏州和杭州刺史的白居易,在杭州写下的《钱塘湖春行》《杭州春
望》《余杭形胜》都是描写杭州风景的佳作。他作于苏州的《登阊门闲
望》尤其特色鲜明:

阊门四望郁苍苍,始觉州雄土俗强。十万夫家供课税,五千子
弟守封疆。阖闾城碧铺秋草,乌鹊桥红带夕阳。处处楼前飘管吹,
家家门外泊舟航。云埋虎寺山藏色,月耀娃宫水放光。曾赏钱塘
兼茂苑,今来未敢苦夸张。

通常写苏州的诗人都是写这里优美、精致的风景和富庶动人的风情，白居易这首诗写苏州藏龙卧虎，地杰人灵，不愧曾为东南之都，堪比杭州之磅礴气势，眼界深大。当然描写运河沿岸城市最为著名的唐诗还属张继写于苏州的《枫桥夜泊》和杜牧的《寄扬州韩绰判官》。

在写运河风景、沿岸城市的同时，还有李频《东渭桥晚眺》写运河上的桥梁，沈亚之《汴州船行赋岸傍所见》写运河河岸风光等。值得注意的是唐人常借咏运河以古鉴今，《隋堤柳》可以说是这类诗歌中同题集咏的代表作。隋堤柳指隋大业年间，修建通济渠全长1300多里，渠广40步，河畔筑御道，道旁载杨柳，这柳被后人称为隋堤柳或汴河柳。唐代诗人杜牧、李山甫、罗隐、许浑等都有同题诗歌。这个诗题最具有代表性的是白居易的《隋堤柳》：

> 隋堤柳，岁久年深尽衰朽。风飘飘兮雨萧萧，三株两株汴河口。老枝病叶愁杀人，曾经大业年中春。大业年中炀天子，种柳成行夹流水。西自黄河东至淮，绿阴一千三百里。大业末年春暮月，柳色如烟絮如雪。南幸江都恣佚游，应将此柳系龙舟。紫髯郎将护锦揽，青娥御史直迷楼。海内财力此时竭，舟中歌笑何日休。上荒下困势不久，宗社之危如缀旒。炀天子，自言福祚长无穷，岂知皇子封酅公。龙舟未过彭城阁，义旗已入长安宫。萧墙祸生人事变，晏驾不得归秦中。土坟数尺何处葬，吴公台下多悲风。二百年来汴河路，沙草和烟朝复暮。后王何以鉴前王，请看隋堤亡国树。

诗题下作者注明是"悯亡国也"。《乐府诗集》所录白居易这首诗前有小序写道："《通典曰》：'隋炀帝大业初，发河南诸郡男女百余万开通济渠，自西苑引毂、洛水达于河，又引河通于淮海。'《大业拾遗记》曰：'炀帝将幸江都，命云屯将军麻祜谋浚黄河入汴堤，使胜巨舰，所谓隋堤也。'"诗歌先描写隋堤柳的衰败，进而追叙当年隋炀帝亡国的故事。炀帝在大业年间加紧开河，修建柳堤，为了运河能浮起大船，不惜民力。运河通航后，大摆排场，顺河南下游览江都（今扬州）。运河工程和炀帝的铺张耗尽国家财力，多支义军揭竿而起。炀帝船队还未过彭城（今徐州），炀帝的臣子李渊父子起兵造反，攻下都城长安（今西

·欧·亚·历·史·文·化·文库·

安),用皇子鄘公为傀儡,自己把持大权。炀帝最终未能重归长安,死在扬州,成为后人说不尽的话题。白居易的乐府诗以通俗易懂、直刺时弊著称,这首乐府诗又为历史留下了"亡国树"的警鉴。

《隋堤柳》的吟咏一直到明代还在继续,宋人曹勋、明人王恭都作有同题诗。

唐诗的光芒总是让宋诗处在比较尴尬的地位,不过宋人也有不少运河题材的诗歌。以宋代开凿整治的汴河为例,孔武仲、韦骧等都有同题诗歌。韦骧写道:

> 通济名渠古到今,当时疏导用功深。源高直接黄河泻,流去遥归碧海浔。护冢尚存芳草乱,隋舟安在绿杨阴。年年漕运无穷己,谁谓东南力不任。

这首诗首联追溯运河的开凿,颔联描写运河的气势,颈联借炀帝陵、隋堤柳感叹历史变迁,物是人非,尾联借写运河的漕运功能,暗讽统治者对东南财富的掠夺。从这首诗可以看出宋代诗歌瘦深的特点。

> 清汴长淮莽苍中,扬州画戟拥元戎。南连近甸观秋稼,北抚中原扫夕烽。茶发蜀冈雷殷殷,水通隋苑月溶溶。悬知帐下多豪杰,一醉何因及老农。

南宋迁都后,运河诗歌又多出了北望中原、渴望统一的题材。扬州城临近金朝地界,陆游这首《寄题扬州九曲池》吟咏的思绪,也反映了南宋主战文人的心声。首联与颔联写扬州的地理环境,扬州地理位置没变,但南北的景观却已不同以前。南望是百姓收割,北望是中原烽火,陆游笔下的扬州体现着南宋独有的特点。颈联、尾联写茶茂水清的扬州风光依旧,可渴望统一壮士的心绪只能借酒挥洒。扬州早已不是那个"二十四桥明月夜,玉人何处教吹箫"的扬州了。

宋人还用词写运河,柳永的《雨霖铃·寒蝉凄切》写于汴京(今开封),他的《望海潮》是这样描写杭州的:

> 东南形胜,三吴都会,钱塘自古繁华,烟柳画桥,风帘翠幕,参差十万人家。云树绕堤沙,怒涛卷霜雪,天堑无涯。市列珠玑,户盈罗绮,竞豪奢。

重湖叠巘清嘉。有三秋桂子,十里荷花。羌管弄晴,菱歌泛夜,嬉嬉钓叟莲娃。千骑拥高牙。乘醉听箫鼓,吟赏烟霞。异日图将好景,归去凤池夸。

上片描写杭州的自然风光和都市的繁华,下片写西湖,展现杭州和平宁静的生活景象。以点带面,浓墨重彩。

承宋启元,系统写下运河诗歌的是汪元量。汪元量(1241—?),字大有,号水云,钱塘人(今属杭州)。宋咸淳三年(1267),以琴事谢太后、王昭仪。元兵攻陷临安(今杭州),随谢太后北行入大都。至元十九年(1282)随赵㬎等徙居上都,世祖将在上都大安阁受朝,以示天下统一。至元二十二年(1285)回大都。至元二十五年(1288)上书元世祖,以黄冠南归钱塘。黄冠是道士的帽子,戴起黄冠就表示已经出家,不再过问政治。归家后曾赴江西、湖南、四川等地游览、访友,至元三十年(1293)返杭州隐居。著有《湖山类稿》13 卷,《水云集》等。作为宫廷琴师,汪元量见证了南宋亡国的经过,伯颜率兵接管了杭州后,将南宋宗室太皇太后谢氏、太后全氏及四岁皇帝赵㬎、王昭仪等迁往大都。一路由元兵护送,实为押解,汪元量也在这支北上大都的队伍中。他用诗歌按沿途经过地名记录下了北上的全程,他们北上的时间是 1276年,这时元代大运河还未重修,因此可以说他的诗也是宋代大运河在诗歌中的最后完整记录。

北师有严程,挽我投燕京。挟此万卷书,明发万里行。出门隔山岳,未知死与生。三宫锦帆张,粉阵吹鸾笙。遗氓拜路傍,号哭皆失声。吴山何青青,吴水何泠泠。山水岂有极,天地终无情。回首叫重华,苍梧云正横。

这是《湖山类稿》卷 2 第一首诗歌,诗题是《北征》。首句说明汪元量与南宋宗室成员即将开始目的地为大都的向北行程。作为亡国降虏,未知死与生的行程,虽然看似待遇不错,但悲哀的气氛注定要伴随这次行程的始终。

以《湖山类稿》纪行诗为主线,再将他《水云集》中《湖州歌九十八首》中写到的相关纪行诗作为补充,汪元量北行的运河路线是:从杭州出发北行至吴江,吴江在杭州北面,是嘉兴与苏州之间的运河沿线城市。再北行至长洲(今苏州),汪元量写下《苏台》一诗,苏台即姑苏台,是吴王夫差为西施所造,为苏州的著名景观之一。北行至无锡(今无锡)惠山(又作慧山),冒雨拜访了惠山寺后,又向北行至常州(今常州):

> 渡头风起柳摇丝,丁卯桥边屋已稀。河草青青淮马健,江花冉冉海鸥肥。一樽酒对三人饮,八字帆分两岸飞。天末有人难问讯,仲连东去不须归。

这是汪元量行至常州时写下的《常州》。诗歌的前四句写常州两岸风景,生机勃勃的大自然暂时缓解了路途的悲哀和无望。酒的热量更让诗人生出壮士一去不复返的悲壮。仲连是指战国时代的鲁仲连,他是齐国的高士,曾帮助赵国退却秦国,帮助齐国收复失城。

向北行至丹徒,汪元量在这里重游甘露寺,并登临多景楼观赏(作《重游甘露寺》《多景楼》)。进入镇江,汪元量又登临位于镇江北部的金山,登上焦山拜访了焦山寺。感念昔日古都已无往日的繁华,汪元量在《京口野望》写道:

> 傍岸人家插酒旗,受降城下客行稀。南徐白昼虎成阵,北固黄昏鸦打围。乱后江山元历历,愁边杨柳极依依。棹歌渔子无些事,网得时鱼换酒归。

战乱后的镇江,景观萧条,民生凋敝。

在运河与扬子江的交汇处,汪元量写下《扬子江》。继续向北就到了运河枢纽、王气集聚的江都——扬州。扬州向北过邵伯、高邮、宝应就到了古城淮阴(今淮安):

> 薄暮舟维杨柳堤,手攀杨柳立多时。汉儿快意歌荷叶,越女含愁舞柘枝。月湿江花和露泫,潮摇淮树带风悲。长亭一夜浑无寐,与客传杯更和诗。

也许是楚州(今淮安)的隋堤柳唤起的亡国愁太浓,汪元量的诗笔在这只留下《淮安水驿》这淡淡的一抹。可是花落泪、树摇悲的风景,"长亭一夜浑无寐"的描述,却有着此处无声胜有声的效果。

从淮安向北,运河与黄河交流在一起,沿黄河向西北行进,南宋宗室北上的船队到了邳州（今属江苏）。经过吕梁镇时，已是秋天，赶上天下大雨，河水翻卷，"黄云扑古塞，青草织平原"这里与江南相比，已经完全是另一番景致了。吕梁镇的下一站就是著名的徐州：

> 白杨猎猎起悲风，满目黄埃涨太空。野壁山墙彭祖宅，座花粪草项王宫。古今尽付三杯外，豪杰同归一梦中。更上城楼见城郭，乱鸦古木夕阳红。

《徐州》

楚霸王项羽在徐州留下了戏马台，唐尚书张建为官于此时为爱姜修筑了燕子楼。英雄美人的故事，即使早已随历史的烟云化为传说，只留下残迹点点，也依旧是吸引文人唏嘘感叹、咏叹抒怀的风景。可是在汪元量眼里，这一切都已是过眼烟云。不仅繁华如梦，所谓功名成就在他眼里也已如同粪土。

从徐州往北，经过沛县、鱼台，汪元量留下歌咏沛县因刘邦《大风歌》而得名的《歌风台》、鱼台因鲁隐公观鱼而得名的《观鱼台》两首诗。

> 百尺荒台禾黍悲，沈思往事似轮飞。洛中车驾秦皇去，沛上风云汉帝归。鹰入塞榆冲雁阵，鹊穿城树破鸦围。东徐多少英雄恨，留与行人歌是非。

虽然在这首《歌风台》中，诗人表现出的仍然是超脱历史、不执着于俗世成就的眼光，但从诗歌意象的有力和壮大中，可以看出诗人内心的力量。

到济州，再经过恽州地面到陵州。从陵州到景州，再经过沧州、献州、河间地面，经过在山东、河北地面的漫长旅途，终于走在了到达大都前的最后一站通州，在《通州道中》我们看到了他心情的描绘：

> 一片秋云妒太虚，穷荒漠漠走群狐。西瓜黄处藤如织，北枣红时树若屠。雪塞捣砧人戍远，霜营吹角客愁孤。几回兀坐穷庐下，赖有葡萄酒熟初。

通州，唐称潞县。金改通州，取漕运通济之义，有丰备、通济、太仓以供京师。太祖十年（1215），仍立通州，隶属燕京路。也许是行程太辛苦，也许是进入北方后身体、情绪都有太多的不适，本来就是希望破灭的旅程,似乎只有食物能暂时排解他的忧愁。在改朝换代时期,作为亡国者被押解北上的运河之旅,注定是情悲景也伤。虽然到通州后,迎接他们的场面是他们意想不到的隆重:

> 满朝宰相出通州,迎接三宫晏不休。六十里天围锦帐,素车白马月中游。

接下来是一场接一场的宴饮。如果是刘阿斗的智力,一定能在这欢宴中乐不思蜀。但亡国宗室成员的身份让一路辛苦的北上人员在强颜欢笑时可能还感受着胆战心惊。谢太后自尽、赵㬎出家的结局,应该能证明这种胆战心惊并非偶然。

进入宫廷,获得显贵,可能是许多人的梦想。可是有时命运不给你这种机遇,不是命运不眷顾你,相反恰是命运给你的照顾。萨都剌就是得到了命运这种照顾的人。他一生担任的官职,都在京城之外,进入不到权力中心,也不至于被政治斗争祸及。南来北往行走在运河上,在萨都剌的运河之行中,我们看到的是元代一个普通行客看到的风光,听到的是一个生活在民间的诗人抒发的情怀。

除了在燕南河北道廉访司任职,萨都剌的其他三次任职都在南方。从京城大都到镇江录事司达鲁花赤赴任、到集庆(今南京)江南行台掾赴任、到福建闽海廉访经历赴任,萨都剌都是走运河水道南下。从江南行台掾到燕南河北廉访司赴任、去上都迎接马祖常北上时,萨都剌也走的是运河水道。此外任职出差,晚年漂泊,我们也能零星见到萨都剌在运河上的身影。萨都剌走上仕途的第一个任职地点镇江就是运河沿线城市,他经常活动的大都与杭州是运河的起点和终点。为了叙述方便,萨都剌在镇江、大都和杭州运河沿线城市的活动,我们将放在后面集中介绍,这里主要介绍他在运河之上以及经过城市的活动。

萨都剌从年轻时经商起就在运河上南来北往,《阻风崔镇有感》《九月七日舟次宝应县雨中与天与弟别》是我们见到的他写运河之旅较早的诗歌。《补阙歌》似应是他晚年作于运河终点城市杭州的诗。在运河的旅途中,遇到古城,他凭吊古迹,写诗寄友,如《彭城杂咏呈廉公亮金事》(其一):

亚父冢前春草齐,楚王城上夕阳低。黄莺不解兴亡事,飞过海棠枝上啼。

遇到逆风,他在岸上观赏着"石头城下浪如雷""一树樱桃带雨开"(《宿化阁渡口阻风》)的景观;在运河与黄河的汇流上,他仿照苏轼"会挽雕弓如满月"的诗句,借"控弦满明月,脱箭出秋风",抒发自己"词人多胆气,谁许万夫雄"(《泊舟黄河口登岸试弓》)的踌躇大志;在"淮安一胜"的王氏小楼上,面对如画风景,他表达了"解吟如练澄江句,未信玄晖独擅能"(《题淮安王氏小楼四绝》)赶超谢朓诗才的满满自信。

在运河行程中,萨都剌做得最浪漫的事还属在梁山泊为观志能芦叶题诗。观音奴,生平见前,唐兀人,与萨都剌同属色目人。至顺三年(1332)两人同任南台令史。一次去北方出差,两人分别乘舟沿运河行至梁山泊时,突然风雨交加,两人乘的舟也互相不见了踪影。萨都剌于是折下一片苇叶,为观志能题道:

题诗芦叶雨班班,底事诗人不奈闲。满泺荷花开欲遍,客程五月过梁山。

办完公事返回途中,萨都剌又到梁山泊时,写下《再过梁山泊有怀观志能二绝》:

故人同出不同归,云水微茫入梦思。记得题诗向芦叶,满湖风雨似来时。

灯火官船夜睡迟,满湖风露袭人衣。无端惊起沙头雁,明月芦花各自飞。

相思本是没有行迹的,却惊起了沙头雁,明月芦花本是不能移动的,却各自分飞。原来英雄聚义、充满杀气的梁山泊,在诗人笔下借助想象和拟人,还能有如此忧郁的凄美之情。

元统二年秋八月,仆与淮东宪副朱舜咨、广东宪佥王伯循,会于瓜州江风山月亭上。过金山,登妙高台饮酒赋诗。京口鹤林寺僧了即休风雨渡江,僧别少年游词,即休既城去,舜咨、伯循留广陵,仆独涉淮过河北。……

这是萨都剌在元统二年(1334)八月,江南行台掾任期已满,将赴燕南河北道廉访司任职,途经瓜州时所作。这首诗诗题为《寄朱舜咨王伯循了即休》,上引这段话是诗前小序。萨都剌应是从集庆(今南京)乘船沿长江行到镇江,再从镇江踏上运河航线的。瓜州在镇江以北、扬州以南。在瓜州江风山月亭相会之前,萨都剌与朱舜咨、王伯循共同登临了镇江北部的金山:

> 几年无此客,同上妙高台。落日地中去,长江天际来。英雄成往事,岁月付衔杯。无限登临意,舟人莫重催。

《同朱舜咨王伯循登金山妙高台》

朱舜咨,生平不详,曾任淮东宪副。王理,生平介绍见前。至顺三年(1332)出任南台御史,1334年将赴广东佥宪。萨都剌作有《同御史王伯循时除广东佥事济扬子江余除燕南照磨》,萨都剌与王理同在南台任职,任期满又将同赴新职,于是他们登金山、泊瓜州,饮酒赋诗互相送别。在金山上他们感念古今,恋恋不舍,船夫多次催促他们上路。也许是觉得意犹未尽,他们又来到瓜州江风山月亭,这次聚会又多了一位老友京口鹤林寺长老了即休,他是冒着风雨从镇江渡江,专门来赴聚会的。

契了,生平介绍见前。他能诗,有《拾遗集》传世。长寿,诗人张翥有诗《游金山柬即休了公》赞他是"八十了公如古佛"。即休是萨都剌在江南期间赠诗最多的僧人朋友,今存赠诗12首,专门前来送行的即休作《少年游次韵送萨经历》,以"燕南不比江东近,诗句寄来不"寄托相思。聚会后即休离去,萨都剌、王理与朱舜咨又一同到了扬州。送君千里,终有一别,王理与朱舜咨留在扬州,萨都剌独自北上。

"人生聚散,信如云萍,倒指岁余,旧游如梦。"难舍难离的分别,让萨都剌生出人生如梦的感慨,为了寄托相思,他用朱舜咨的诗句"雨过江色净"五字,每字一韵,作五律五首,寄予舜咨、伯循和了即休。也许是陶醉在作诗的乐趣中,暂时缓解了离别的悲伤,在这五首诗中,我们读到的相思悲伤很淡很淡。有时候诗人的想法其实很简单,沉醉在诗歌创作的快乐中,就暂时忘了离别的忧伤。从创作陶醉中醒来,离愁又开始困扰着诗人,于是在扬州刚刚分离的萨都剌作《寄御史王伯循》,

追忆"有酒从人饮,无田藉笔耕"的欢聚时光。到了真定后,又作《送君卿伯循二御史广东金宪时仆在燕南》一诗,表达了"曲江有酒愿相忆,莫遣鲤鱼音信稀",即长相忆、常联系的心愿。

过了扬州沿运河行船再往北就是邵伯(今属江苏)站。在舟中,萨都剌信笔描述着运河上的景色:

> 惊鱼时出浪花雪,短鬓凉吹水面风。远客行船秋色里,谁家吹笛月明中。

《邵伯舟中》

再往北行驶,到了高邮。在高邮湖畔,萨都剌记下了"菰蒲雁相语""秋雨鸣败荷""野鹤如人长""秋水落红衣"的风光,还写下了那里百姓的生活:

> 霜落大湖浅,渔家悬破罾。此时生计别,小艇卖秋菱。
> 捕鱼湖中水,卖鱼城市里。夫妇一叶舟,白头共生死。

《过高邮射阳湖杂咏九首》其七、其八

到了淮安,登岸拜访老友,他对朋友闲适幽居的生活羡慕不已:

> 万事归来好,淮阴二亩园。教儿书满架,遇客酒盈樽。野水到门外,渔船系树根。除书下霄汉,坐席恐难温。

《过淮安畅曾伯都事幽居》

从淮安往北是清江(今属江苏),从清江到徐州,运河与黄河汇流在一起,崔镇站就在这两个城市之间。

> 木落岁时晏,黄云欲雪天。买舟河下客,立马渡头船。野迥风欺帽,天寒袖里鞭。夜眠三鼓后,晓发五更前。

时间已是深秋,渡口上上下下的乘客忙忙乱乱,人在旅途,为了赶路,三更睡、五更起,非常辛苦。

自徐州往北,运河与黄河分流,运河经过东平路(治所在今山东东平)、东昌路(治所在今山东聊城)、高唐州(治所在今山东高唐)地面,经陵州(今山东德州)、沧州(今属河北)、清州(今属河北)到直沽口(今属天津),再经过通州(今属北京)就到达大都(今北京)了。萨都剌的任职地在真定路(今属河北),不在运河沿线,因此过了徐州后他的北方运河之行就不明了了。他曾作《过高唐感事》《吴桥县古河堤》《过献州》等诗,高唐州与献州地面是大运河的流经地,吴桥(今属河北)县在陵州与沧州之间,在运河东侧。这是他留下的对北方运河沿岸城市不多的描述。

从元统二年(1334)萨都剌自镇江出发至此,是萨都剌的秋天运河北上之旅。

萨都剌接到从燕南河北道廉访司去福建闽海廉访司任经历的时间是1335年下半年,但至第二年四月初八他才到任。据到任时间推算,他似应是在1336年春天,也就是参政许可用送他新茶后不久出发的。与萨都剌的运河北上行旅一样,我们几乎找不到他对黄河以北运河上行程的系统描述,不管是从真定到福建的南下之旅,还是从黄河与运河的交汇点古城徐州开始。

> 黄河三面绕孤城,独倚危阑眼倍明。柳絮飞飞三月暮,楼头犹有卖花声。
>
> 《彭城杂咏》

从真定到徐州,有时走陆路,有时走运河,虽然抓紧赶路,到徐州时已是三月了。那时正是白天,徐州城内柳絮飘飘,有三两声卖花女的叫卖声传来。

> 十丈云帆拂斗杓,星槎风急浪花飘。夜深露冷银河近,卧听天孙织绛绡。
>
> 《黄河舟中月夜》

离开徐州,继续在黄河上往东,夜晚渐渐降临。在河面上眺望着满天星斗,诗人想到福建路途遥远,自己乘坐的孤舟,恰如那行驶在天河中的一叶木筏,不禁寒意顿生。

到了清江,运河与黄河分流。黄河继续向东流入大海,运河向南流入淮安。从淮安顺流南下到宝应时,天色已晚,但宝应西面的白马湖仍旧引发了萨都剌的诗兴:

> 春水满湖芦苇青,鲤鱼吹浪水风腥。舟行未见初更月,一点渔灯落远汀。
>
> 《夜过白马湖》

江南春天的讯息，不仅是把春色写在芦苇叶上，而且还把春天的味道借鲤鱼翻浪之际，吹入行人的鼻息里。潮腥的春风，远远一点渔火，多情的江南之春已迫不及待跨过长江，来到江北迎接即将到来的诗人。

> 二月好风吹渡淮，满湖春水绿如苔。官船到岸人多识，楚馆题诗客又来。近水人家杨柳暗，禁烟时节杏花开。一官迢递三山远，海上星槎几日回。

《再过界首驿》

诗人行到了界首驿（今属江苏），这是运河上在高邮之北、宝应之南的一个驿站。记得上一次过界首驿，萨都剌也是在四月的淮南，"野老柳阴沽秫酒，行人马上寄家书"，惦念着家中老母，在秀丽的风景中游子匆忙写着家信。这一次去福建，萨都剌是携全家前往，家信是不用写了，可一路辛苦，路途还没走完一半，如此遥远之地，什么时候才能回来呢？

从界首驿一路向南，过了高邮（今江苏高邮）、扬州，就到了萨都剌第一次的任职之地镇江了。投宿在这里稍作休息以后，萨都剌全家又沿运河乘船到了丹阳（今江苏丹阳）。行过常州（今江苏常州）、无锡（今江苏无锡），就到了平江路的治所长洲（今江苏苏州）。有水上之都之称的姑苏是一定要游览的：

> 阊门杨柳自春风，水殿幽花泣露红。飞絮年年满城郭，行人不见馆娃宫。

《登姑苏台二首》其一

也许是吴王夫差终因西施丢了国家的教训太沉痛，站在姑苏台上，诗人生出的是物是人非的感伤。担任江东廉防使的王士熙被任命为南台侍御史，就要上任了，在姑苏台上萨都剌作《姑苏台奉和侍御继学王先生赠别》：

> 骢马霜台好使君，碧罗衫色绣春云。帘垂绶带虾须织，烛剪金钗燕尾分。四海名高瞻北斗，五弦调古和南熏。姑苏台下人无数，争看文星拜主文。

王士熙（约1265—1343），字继学，东平（今属山东）人。师从邓文原，至治初年为翰林待制，泰定四年（1327）十月，由治书侍御史擢参知

·欧·亚·历·史·文·化·文·库·

政事,累官中书参政。燕铁木儿帮助文宗即位后,作为旧臣王士熙被流放海南。天历二年(1329)放还乡里。萨都剌作《奉次参政继学王先生海南还桂林道中韵》《和参政继学王先生海南还韵》。至顺三年(1332),免罪录用,起为江东廉访使,后至元二年(1336)迁南台侍御史,至正二年(1342)升南台中丞,卒于任。王士熙受宫廷斗争连累,远放海南,重归仕途后,又遇提拔,这种大落后还能大起,在政治斗争中实属不易。从萨都剌诗中对其穿戴和名声的描述,也可看出萨都剌对王士熙是既敬佩又亲近。

在苏州,萨都剌还参观了玄妙观玉皇殿,为这个名胜古迹题诗一首。

在姑苏台参加了热热闹闹的为王士熙的饯别聚会后,南行到吴江州(今江苏吴江)。萨都剌又与路遇的高照庵把酒论文,互相道别,作《途次吴江别高照庵》。高晞远,字照庵,通州人(今属江苏)。咸淳德祐间(1265—1275)尝为平江府通判,入元未仕。

吴江再往南就是平望(今属江苏),平望驿是运河上位于吴江州与嘉兴之间的一个驿站。在这里萨都剌又想起了任广东宪佥的王伯循,从南京到镇江再到扬州的难舍难分的相送场景好像就在眼前。可是这次去福建,万里相隔,再相见该有多么不易啊。欧阳修当年驿馆寄梅寄思念,诗人也把这秋水剪芙蓉之情题写在驿站墙壁上:

广陵城里别匆匆,一去三山隔万重。日暮江东寄相忆,欲临秋水剪芙蓉。

《入闽过平望驿和御史王伯循题壁》

大概诗人是希望王伯循能看到或借熟人之口听到他的心声吧!

三山云海几千里,十幅蒲帆挂秋水。吴中过客莫思家,江南画船如屋里。芦芽短短穿碧纱,船头鲤鱼吹浪花。吴姬荡桨入城去,细雨小寒生绿纱。我歌水调无人续,江上月凉吹紫竹。春风一曲鹧鸪词,花落莺啼满城绿。

《过嘉兴》

萨都剌笔下的嘉兴,已是典型的"杏花春雨江南"的秀丽美景。不过在温软的美景下,诗人感到了些许寂寞。诗人也许心里明白,生活在如画美景中的人们,谁会关心一个将赴千里之外的北方色目诗人的水调歌头呢?

行到皂林这个嘉兴南、长安北的运河站,都市景色被"春溪野鸭肥可射,幽树深阴叫山鹧"的郊野风光代替了,"行行水竹上云林,往往人家或僧舍"的生活,让多次自称"僧人"的萨都剌产生了归隐的愿望。到了傍晚他们行驶到了长安驿,长安属杭州路:

> 坝北坝南河水平,客船争缆水云腥。乡音吴越不可辨,灯火黄昏如乱星。

《宿长安驿二绝》其一

前面就是杭州,又到了黄昏,熙熙攘攘的乘客争着靠岸投宿,在乱糟糟小站的前方,那个著名的繁华都市是什么样呢?

> 仙居时复与僧邻,帘幕人家紫翠分。后岭楼台前岭接,上方钟鼓下方闻。市声到海迷红雾,花气涨天成彩云。一代繁华如昨日,御街灯火月纷纷。

《钱唐驿楼望吴山》

临安城(今杭州)是南宋的首都,这里富贵人家比比皆是,寺庙林立钟鸣火旺。发达的市场、奢华的生活都曾是这个都城身份的象征。但今天繁华落尽,御街上月色惨淡。不知是行色匆匆,还是对这个憧憬已久的城市不忍多读,在钱塘驿楼上萨都剌只留下了这匆匆一瞥,就赶紧又上路了。

杭州是大运河的最后一站,在这里萨都剌全家乘船走上了富春江的航道。经桐庐(今浙江桐庐)、建德(今浙江建德)、衢州(今浙江衢州)、草坪镇(今属浙江)、铅山(今江西铅山)等州经分水岭至福建。

自1336年春天在徐州写下《彭城杂咏》至此,是萨都剌春天的运河南下之行。

无论是北上还是南下,我们对萨都剌运河旅行的探寻都还只是粗笔勾勒。不过可以看出萨都剌的行程总是与大运河相关联,其实岂止是南来北往的行程。如果把萨都剌的人生也看成是一段旅行的话,他

·欧·亚·历·史·文·化·文·库·

的人生旅程自大都启程,到杭州终结,又何尝不是一段运河之行呢?

5.2 仕宦期间及晚年行踪与活动探秘

仕宦期间萨都剌在北方的行迹主要在大都、上都和真定。

> 神京极高峻,风露恒冷然。憧憧十一门,车马如云烟。紫霞拥宫阙,王气浮山川。峨峨龙虎台,日月开中天。圣祖肇洪业,永保亿万年。

这是廼贤《京城杂言六首》其一,比较形象地写出了江南人面对大都城时的观感。廼贤是生长在江南庆元(今宁波)的哈剌鲁(葛逻禄)人,因此对大都城巍峨宽阔的帝都印象深刻而鲜明。萨都剌自称是大都人,因此对大都城的景观早已司空见惯,在大都令他记忆深刻的景观是皇城和宫城。

元大都城包括三重城池:宫城、皇城和大都城。大都城是忽必烈至元四年(1267)至至元十三年(1276)新修建的,新城的主要设计者是刘秉中。又经过十年修建,至至元二十年(1283)城内的建设基本完成。大都城内皇城和宫城、宫殿的修造,比大都城要早一些,在至元三年(1266)就开始了,其中最主要的大殿大明殿及其寝殿、香阁、周庑两翼室修建于至元十年(1273)。至元十一年(1274)正月,忽必烈开始御临正殿,接受皇太子及诸王百官的朝贺。以后宫城内宫殿建筑陆续有所添造,在完成宫城内的宫殿建筑的同时,至元十一年(1274)四月,开始兴建东宫即隆福宫,就是皇太子居住的宫殿。这一组具有很大规模的建筑群,位于皇城西南。至元代中叶,又修建了另一组建筑群即兴圣宫,位置在隆福宫的北面,皇城西北。

大都的皇城在城市南部中央地区,它的东墙在今南北河沿的西侧,西墙在今西皇城根,北墙在今地安门南,南墙在今东、西华门大街以南。皇城的城墙,称为萧墙,也叫阑马墙,周围约 20 里,阑马墙外密密种植着参天的树木,增加了皇城威严的气氛。皇城城门用红色,称为红门。元末著名诗人、画家王冕在《金水河春兴》中描绘说"人间天上无多路,

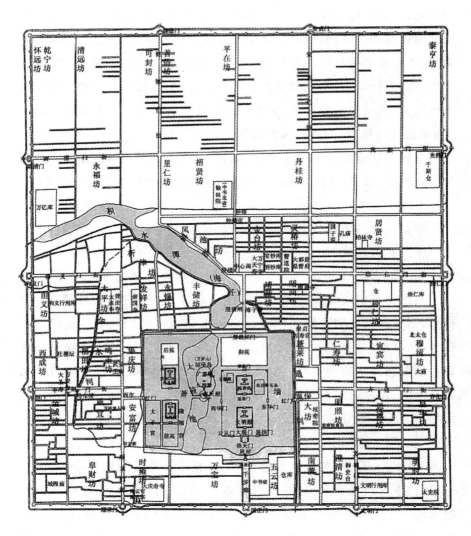

图 5-1 元大都平面图

只隔红门别是春",形象揭示了红门内外是两个截然不同世界的现实。皇城内以太液池为中心,围绕着三组大的建筑群,即宫城、隆福宫和兴圣宫,此外还有御苑。

　　萨都剌第一次进皇城应是殿试后去西宫听候唱名。通常人们以为科举考试的殿试就是在皇宫中举行的,在元代不是这样。元代的殿试地点是翰林院,翰林院地点在大都城钟楼的西北面,这里在权臣阿合马当政时曾是中书省的新址,后来中书省迁回皇城的丽正门内,千步廊之东,这里就成了翰林院的办公地点。殿试举行的时间是在会试的下一个月,即三月。三月初七殿试,三月十三日赴阙听候唱名。唱名的地点在西宫,即兴圣宫。终于从俗世迈进了红门,萨都剌对皇城的印象是"蓬莱云气红楼近,阊阖天风紫殿飘"。

宫城在皇城的东部,成长方形,周回9里30步,东西480步,南北615步,高35尺。萨都剌第一次进宫城是中举后与举子们至崇天门谢恩:

> 禁柳青青白玉桥,无端春色上宫袍。卿云五彩中天见,圣泽千年此日遭。虎榜姓名书敕纸,羽林冠带竖旌旄。承恩朝罢频回首,午漏花深紫殿高。

《丁卯年及第谢恩崇天门》

白玉桥是横跨在金水河上的三座白石桥,称为周桥,桥身雕刻龙凤祥云,明莹如玉。白玉桥的位置在皇城南墙正中的门——灵星门以北数十步,灵星门的位置大致在今天故宫的午门附近。围绕着周桥栽种着郁郁万株高高的杨柳树。崇天门是宫城南墙中央的门,宫城南墙共有三个门,左面的门叫星拱门,右面的门叫云从门。中间崇天门的位置大约相当于今天故宫太和殿遗址的位置。崇天门也叫午门,左右有两观(观就是两端突出的部分),平面呈凹形。门东西长187尺,深55尺,高83尺,门上有楼,两观上有角楼,下开五门。崇天门内数十步,又有一重门,中央叫作大明门,左右有日精、月华两门。过了大明门就是宫殿所在。大明门是专供皇帝出入的,文武百官上朝则由日精、月华两门出入。中举的举子们尚未封官,因此按规定还不能进入大明门。谢恩完毕的萨都剌,对皇宫又留恋,又好奇,他频频回首,但以他当时的身份,只能看到掩隐在花丛深处巍峨紫殿的轮廓了。

> 内侍传宣下玉京,四方多士预恩荣。宫花压帽金牌重,舞妓当筵翠袖轻。银瓮春分官寺酒,玉杯香赐御厨羹。小臣涓滴皆君泽,惟有丹心答圣明。

《敕赐恩荣宴》

按规定萨都剌与新中举的士子们谢恩后享受了一场由皇帝御赐的宴席。

萨都剌还进过一次宫城,时间有待考定。这一次萨都剌是作为官员参加元正受朝仪式。

> 元日端门瑞气新,层层冠带羽林军。云边鹄立千官晓,天上龙飞万国春。宫殿日高腾紫气,箫韶风细入青云。太平天子恩如海,亦遣椒觞到小臣。

《元日》

元正也叫元日,就是新年的第一天。为迎接新年,朝廷要举行隆重的元正受朝仪式。当日清晨,大都城内的文武百官齐聚在崇天门下等待时辰一到,皇帝升殿。大明殿内,皇帝和皇后先后在御榻上就坐。皇帝与皇后并列座位,每遇重大庆典,帝、后同登御榻,接受朝拜,是蒙古族的传统,我国其他封建王朝是没有这种制度的。司晨郎报时,宣布元正朝会开始。殿前侍卫人员先从日精门和月华门进至殿内,向皇帝叩拜,山呼万岁,按仪制分立在两旁或殿下。在后妃、诸王、驸马依次行贺献礼后,文武官员分左、右从日精、月华门进入大殿,向皇帝叩拜、山呼万岁。中书省丞相向皇帝三进酒,宣读中央及地方官府的贺表和礼物单,僧人、道长及外国蕃客等先后入殿朝贺。贺礼结束以后,皇帝宴请诸王宗亲、驸马、大臣,这个宴会叫"诈马宴",四品以上,赐酒殿上;典引引五品以下,赐酒于日精、月华两门之下。按萨都剌的官级,他似应只在向皇帝叩拜时,进入大明门内的大明殿,参加酒宴只能在大明门外了。

萨都剌再一次进皇城,已是至顺三年(1332)三月。当时他在江南行台掾任上,北赴大都(今北京),在奎章阁参加了《皇朝经世大典》完工后的进呈仪式。西宫兴圣殿的西廊是奎章阁办公之地。

> 九重五采金银阙,冠带将军尽羽林。上苑春莺随柳转,西宫午漏隔花深。天开阊阖收金锁,帘卷奎章听玉音。白发儒臣卖词赋,长门应费万黄金。

《西宫春日》

奎章阁的创建,主要是因文宗个人爱好所为,并未经过议事程序,故在机构的级别设置上未曾细加斟酌。天历二年(1329)二月初设时,由于领奎章阁的大学士是正三品,且由翰林学士承旨兼领,其低于翰林院的地位,使它不易成为高级官僚争逐的焦点。但同年(1329)八月这个机构被升为正二品,当其组织扩大到与翰林院、集贤院几乎同等时,曾有激烈的争权斗争。至顺元年(1330)正月,忽都鲁都儿迷失、撒迪和虞集曾集体辞职,迫使文宗亲下诏书慰留即可为证。到至顺三年(1332)二月,燕铁木儿以奎章大学士兼领奎章阁学士院事,成了奎章阁的负责人。燕铁木儿家族世代掌握能征善战的钦察卫,如今执掌朝中大权,全诗首联"冠带将军尽羽林"是说朝中的将军都是羽林军出身,似即隐射燕铁木儿独揽大权。颔联写景,奎章阁办公地点在兴圣宫,靠近上林苑,在奎章阁应能听到上林苑的鸟鸣。颈联,阊阖是传说中通往天界的天门,这里应指宫廷创办奎章阁之事。尾联有可能是萨都剌对奎章阁创办宗旨的一种调侃。"当时济济夸多士,争进文章乞赐钱"是萨都剌《奎章阁感兴二首》其二中回忆当年奎章阁所写。奎章阁是聚揽文人之处,文宗虽有借奎章阁体现自己文治的心意,但在燕铁木儿把持奎章阁大权的背景下,文人借文字点染太平并写文赚钱,可能也是奎章阁当时的一种风气。

在奎章阁,萨都剌拜访了以读书用功、以文名著称的揭傒斯。天历二年(1329)元文宗开奎章阁,揭傒斯擢授经郎,职责是为勋戚大臣子孙讲授经典著作。参与修撰《经世大典》以后,授艺文监丞。萨都剌作《京城访揭曼硕秘书》,曼硕是揭傒斯的字。"城中车马多如云,载酒问字无一人"的诗句与张雨《授经郎献书图题诗》中诗句"奎章阁上观政要,无人知有授经郎"相参照,可见宫廷朝阁学习风气之一般。

在萨都剌长期外任的日子,在皇城以及宫城中受到恩遇的这些场景,经常出现在萨都剌的脑海中,也成为萨都剌在奔赴南北、任职困难时表达自己"小臣涓滴皆君泽,惟有丹心答圣明"之心的支撑。

大约是在至顺四年(1333),作为江南行台掾,萨都剌赴上都迎接新拜为江南行台御史中丞的马祖常,途径大都,他有机会再一次进入皇城去走访了奎章阁旧址。

奎章三月文书静,花落春深锁阁门。玉座不移天步远,石碑空
有御书存。

《奎章阁感兴二首》其一

文宗去世,虞集称病归乡,奎章阁作为先皇创办的文化机构,现在
只有题写着御书的石碑还能说明它曾经拥有的地位。萨都剌再来探访
时,这里已成为一处无人的墟落了。

此外萨都剌在大都曾跟随皇上游览过香山,大都街面上的春色与
风光也曾成为他描述的对象。

如前所述,元朝实行两都巡幸制,一般每年三四月元朝皇帝自大都
(今北京)出发前往上都(今内蒙古自治区正蓝旗境内),大约于九月份
皇帝及随行人员返回大都。大批官员随驾前往上都,也有不少文人随
行,一则可以饱览北国风光,丰富创作;二则可以随行寻找入仕或提拔
的机会。萨都剌去上都是为了迎接新拜为江南行台御史中丞的马祖
常,但顺帝即位,马祖常改除为徽政院同知兼知经筵事,两人在上都互
相赠诗作别。顺帝即位的时间是至顺四年(1333)六月,则萨都剌到上
都的时间就是至顺四年(1333)六月。而这一年马祖常去上都的时间
据张雨《御史中丞马公伯庸有赠萨天锡还金陵长句因次韵寄上》"四月
莺啼夹城仗,千官花拥大明朝"一句可知在四月,是随驾前往的,因此
萨都剌赴上都是自己单独前往的。

去上都的路线有三条,东道、西道和驿路。东道又分两条,由黑谷
上行和由古北口上行,其中前者为皇帝的专行路线。一般皇帝去上都
走的路线是东出西还,即从东道去,从西道返回,这两条路线俗称"辇
路",一般人不能走。萨都剌去上都不是随皇帝一同前往,所以走的路
线应该是驿路。从大都到上都的驿路路线主要经过以下地点:大都建
德门。这是当时人们认为的驿路起点,建德门是元大都北门靠西边的
门。昌平县。昌平县距大都城 70 里,至上都 730 里。由大都北行者大
多在县城留宿。新店。也叫辛店,距离京师有百里,常被当时人们视为
休息场所。南口、居庸关和北口。由南口过居庸关至北口,长 40 余里,

都在山峡中行走,穿越弹琴峡、八达岭。萨都剌作有《过居庸关至顺癸酉岁》,应是经过这里时所作。榆林驿。距北口20余里,在今康庄附近,现在仍叫榆林堡。怀来县。距北口53里,在今怀来县东,现旧城已在修官厅水库时淹没。统墓店。由怀来西行,过狼居西山(今狼山)至统墓店(今土木堡镇,又译为统幕),因店北旧有"统军墓"而得名。驿路至此折向北行。洪赞。自统墓店北行30余里就是洪赞。今杏林堡之南,有西洪站、东洪站两地名,就是元朝的洪赞。枪杆岭。在统墓店正北,也叫桑乾岭。山路九折盘环,是驿路上最高的山岭。俗语传真龙不上枪杆,所以皇帝走东道、西道,躲开此岭。李老谷、尖帽山。枪杆岭北行10余里为李老谷,驿路从谷中穿过,出谷后就可望见尖帽山,是元朝埋葬后妃的陵地。龙门站、雕窝站。这两站基本平行,在东西一条线上,相距40余里,即今天的龙关和雕鹗堡。龙门所在地龙门镇,在至元二十八年(1291)升为望云县,隶于上都路的云州。县北是横亘山崖和与枪杆岭相接的战国与唐代修建的古长城。元人去上都时多经龙门站,南返走雕窝(也作雕窠)。赤城站。位于今赤城县所在地。因为山石都是红色的而得名,沽河(今白河)由城边流过。从赤城出发,始沿沽河北行。云州。在今云州所在地,中统四年(1263)五月升为云州。独石口站。位于今独石口,距赤城站约百里。偏岭、檐子洼。距独石口40余里,地点在今沽源县境长梁附近,气候寒冷。过岭后进入草原。这里是驿路上草原和谷地的分界线,至此语言开始不通,见到的也是游牧生活了。牛群头驿。在今河北沽源县南10余里处,是东道辇路与驿路的会合点。察罕脑儿。蒙古语"白海子"的意思,湖在今沽源县北数里之处,元朝在此设有行宫,称作亨嘉殿,居民有200余家。西道在察罕脑儿与驿路会合。行宫东面,建有明安驿(今沽源县北小红城),供行人宿顿。李陵台驿。遗址在今正蓝旗西南的黑城子,按元人计算,该地距上都为100余里,是来往行人必要过夜之地。萨都剌作有《过李陵墓》《拟李陵送苏武》似应是经过这里时所作。桓州,也叫金桓州,距上都50里左右。望都铺。在桓州东北,距上都30余里。

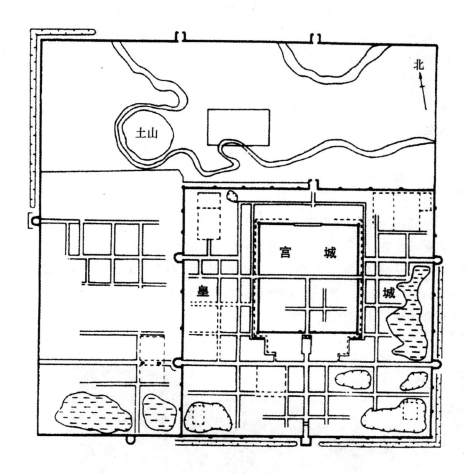

图 5 - 2　元上都平面图

大野连山沙作堆,白沙平处见楼台。行人禁地避芳草,尽向曲
阑斜路来。

《上京即事》其五

这首诗写的是逐渐接近上都城时的情境。上都城与大都城的主要
设计者都是刘秉忠。两都都城结构相仿,都是由宫城、皇城和外城组
成,上都的城门、宫殿与大都也往往相应。上都的外城大体呈正方形,
每边长约 2200 米,城墙全用黄土版筑。皇城在全城的东南角,呈正方
形,每边长约 1400 米。皇城的东、南墙是外城东、南墙的一部分。皇城

·欧·亚·历·史·文·化·文·库·

城墙也是用黄土版筑,表层用石块堆砌而成。皇城四角有高大的角楼,皇城南、北各有一门,东、西各有两门。外城东墙的门就是皇城的门,南墙除皇城的城门外另有一门,西面一门,北面两门。皇城和外城的所有城门门外都有瓮城,有的是方形,有的是马蹄形。皇城是普通百姓的禁地,萨都剌诗中描述的情景,似应是百姓避开皇城城门,向允许百姓出入城门行走时的情况。

> 五更寒袭紫毛衫,睡起东窗酒尚酣。门外日高晴不得,满城湿露似江南。

《上京即事》其十

元朝皇帝实行两都巡幸制度,一个直接的原因就是为了避暑。大都夏天炎热,蒙古族来自草原,那里夏天凉爽。在闷热的大都过夏天,不但人受罪,马也受不了。上都在草原上,夏天气候变幻无常,常常是"雨声才断日光出"。草原植被储存的雨水使空气湿润,萨都剌这首诗充分体现了上都气候的特点。

图 5-3 元上都皇城东城墙遗址

> 牛羊散漫落日下,野草生香乳酪酣。卷地朔风沙似雪,家家行帐下毡帘。

《上京即事》其八

作为执行公务的朝廷官吏，萨都剌到上都后，应住在皇城内的官舍。傍晚站在城楼上眺望，牛羊就要归圈了，空气中飘荡着牛乳、羊乳的香气。大漠上风携带着白色的沙尘卷过，经过一天的辛劳，家家放下毡房门上的毡帘准备休息了。这首诗为我们描绘了一幅上都傍晚草原风景图。

在上都萨都剌目睹了宫廷举行的一系列活动，主要是宴会、狩猎、祭祀等活动。宴会主要在宫城中举行，狩猎和祭祀则多在外城或草原上。

> 一派箫韶起半空，水晶行殿玉屏风。诸王舞蹈千官贺，齐捧蒲萄寿两宫。

《上京即事》其一

这首诗描绘的是在水晶殿举行宴会的场景，水晶殿可能是宫城中以构造奇特命名的。宫城在皇城的中部偏北，东西宽约 570 米，南北长为 620 米，略呈长方形。城墙用黄土版筑而成。城墙外层在地基上先铺一层 50 厘米厚的石条，然后用青砖横竖交替砌起。在青砖与土墙之间，夹一层厚 140 厘米的残砖。城墙高约 5 米，下宽 10 米，上宽 2.5 米。宫城四角建有角楼。据估计宫城内有宫殿基址近 40 处，其中西北隅最多。宫城中最主要的建筑是大安阁，而水晶殿则以凉爽著称。大都宫城中的水晶殿是圆形，起于水中，通用玻璃装饰，流光溢彩，宛如水宫。上都水晶殿也应相似。殿中陈列玉座、玉屏风，故而有诗称水晶殿是"谁道人间三伏节，水晶宫里十分秋"。

> 上苑棕毛百尺楼，天风摇拽锦绒钩。内家宴罢无人到，面面珠帘夜不收。

《上京即事》其二

从这首诗第一句分析，这首诗写的似应是棕殿，也叫棕毛殿。蒙古语叫昔剌斡耳朵，昔剌也译作失剌，都是蒙古语黄色一词的音译，斡耳朵就是营帐。在蒙古国时期，窝阔台汗曾在漠北和林附近山中为自己建造了一座契丹帐殿，供避暑用。这座大帐可以容纳千人，从不拆卸，挂钩是黄金做的，帐内覆有织物，这个大帐就叫昔剌斡耳朵。忽必烈继

· 欧 · 亚 · 历 · 史 · 文 · 化 · 文 · 库 ·

承了蒙古国的传统,他在上都城外也建造了昔剌斡耳朵,即棕殿。棕殿的形制为帐幕,帐殿上部分或全部覆盖着棕毛,所以命名为棕毛殿。该殿可以容纳数千人,怪不得萨都剌诗中说它有百尺楼高。棕殿是蒙古的王公贵族举行诈马宴的地方,诈马宴是各种宴会中规模最大、费用最高的宴会,重要政务都要在诈马宴上决定。诈马宴也叫质孙宴,质孙是蒙古语 jisun 的音译,颜色的意思。举行质孙宴,出席者要穿皇帝颁赐的贵重服装,即金织文衣,每次一种颜色,按贵贱亲疏的次序各就其位。质孙服是衣、帽、腰带配套的,上面装饰着珠翠宝石。诈马是波斯语 jamah 的音译,外衣、衣服的意思。实际上,质孙和诈马都是指宴会上穿的一色衣服。诈马宴举行的时间是在六月的吉日,宴会举行三天,萨都剌诗中描述的是宴会结束后的场景,可能他没能参加诈马宴。哈剌鲁(葛逻禄)诗人迺贤于至正九年(1349)到上都目睹了在棕殿中举行诈马宴的盛况:

> 诏下天门御墨题,龙冈开宴百官齐。路通禁籞联文石,幔隔香尘镇水犀。象辇时从黄道出,龙驹牵向赤墀嘶。绣衣珠帽佳公子,千骑扬镳过柳堤。

> 珊瑚小带佩豪曹,压辔铃铛雉尾高。宫女侍筵歌芍药,内官当殿出蒲萄。柏梁竞喜诗先捷,羽猎争传赋最豪。一曲霓裳才舞罢,天香浮动翠云袍。

《失剌斡耳朵观诈马宴奉次贡泰甫授经先生韵》其一、其二

其一,首联、颔联写皇帝颁下谕旨要在昔剌斡耳朵举行诈马宴,消息到处传播;颈联、尾联写参加宴会的皇帝、王公贵族等前来赴会的盛况。皇帝出行乘坐象辇。象辇是架在四只大象背上的大木轿子,轿上插有旌旗和伞盖,里面衬着金丝坐垫,外包狮子皮,每只大象有一名驭者。在狭窄的山路上行走或穿过隘口时,皇帝独乘一象或坐在由两只象牵引的象辂里。所以象辇也叫象轿或象舆。龙驹是指马,皇后、嫔妃、太子、诸王、大臣等随皇帝出行,大多乘坐宫车,有时则骑马。其二,描写宴席上人们的穿戴、食物、游戏活动和歌舞。因为棕殿在城外,所以在昔剌斡耳朵举行的诈马宴,虽然参加者都是王公贵族、宫中显要,

但举行的地点却是在上都城外。

> 院院翻经有咒僧,垂帘白昼点酥灯。上京六月凉如水,酒渴天厨更赐冰。

> 中官作队道宫车,小样红靴踏软沙。昨夜内家清暑宴,御罗凉帽插珠花。

《上京即事》其六、其四

这两首诗也是写宴会,其六第一、二句诗写宴前做佛事的场景。元朝推崇藏传佛教,在皇帝的巡行队伍中,就有不少喇嘛。上都皇城内有乾元寺和龙光华严寺,也应有不少僧人。其四第一、二句诗写宴后归途。上都的道路是泥沙路,路面狭窄,一下雨很难通行。晴天时道路也是松软的,车马和人行走起来都比较费劲。从这首诗可以看出上都交通的特点。

在上都元朝统治者经常举行宴会,主要目的是显示自己对属部的恩惠,以加强统治集团内部的凝聚力。狩猎也是国家的大事,因为这个活动既是继承古代氏族共同狩猎的习惯,用以维系内部的团结,又是锻炼将士作战能力的一种办法,"打围"实际是一种军事训练活动。

> 紫塞风高弓力强,王孙走马猎沙场。呼鹰腰箭归来晚,马上倒悬双白狼。

《上京即事》其九

上都皇家打猎的主要场所有三不剌(北凉亭)、东凉亭、西凉亭和察罕脑儿(白海)。三不剌也译作散不剌、三卜剌、三部落、甘不剌川,地点在上都西北700里外。东凉亭在上京之东50里,西150里是西凉亭。这些地方水草丰饶,有禽鱼山兽,由于东凉亭与西凉亭距离较近,皇帝一般都在这里狩猎。萨都剌笔下皇家的狩猎场所,不太明了。

> 祭天马酒洒平野,沙际风来草亦香。白马如云向西北,紫驼银瓮赐诸王。

《上京即事》其七

元朝统治者有祭天祭祖的仪式。在大都主要行用唐代制度,在大都城南建立天坛和太庙。但在上都则保持了蒙古族传统的祭天祭祖仪

式,祭天的时间是六月二十四日,叫作洒马妳子。《元史·祭祀志》记载仪式如下:

> 用马一,羯羊八,彩段练绢各九匹,以白羊毛缠若穗者九,貂鼠皮三,命蒙古巫觋及蒙古、汉人秀才达官四员领其事,再拜告天。又呼太祖成吉思御名而祝之,曰:"托天皇帝福荫,年年祭赛者。"礼毕,掌祭官四员,各以祭币表里一与之;余币及祭物,则凡与祭者共分之。

至七月七日或九日,再举行祭祖仪式。祭祖前一天,皇帝、皇后到昔剌斡耳朵,次日到附近的龙冈,洒马乳以祭。祭祖后皇帝赐酒宴给参加仪式的大臣们。萨都剌这首诗是把祭天和祭祖的活动写到一起了。

在真定任职,除了因公萨都剌在真定路玉华宫做监礼官,到河间、沧州录囚以外,他的足迹主要留在了真定的佛寺和道观。

> 眼中楼观见应稀,铁凤栖檐势欲飞。天半宝花飘阁道,月中桂子落僧衣。高擎玉露仙人掌,上碍银河织女机。全赵堂堂遗物在,山川良是昔人非。

《登镇阳龙兴寺阁观铜铸观音像》

真定古称镇阳,《大明一统志》卷3"真定府"条下载"龙兴寺在府治东,宋建。后有大悲阁,内铸铜佛像高与阁等"。龙兴寺阁的建筑式样可能并不多见,屋檐的凤鸟不似通常做法用木头刻成,而是金属制成。铜铸观音像也是观音手持仙草播撒玉露的形象。因龙兴寺阁及其观音像是宋代建,所以萨都剌在尾联有物是人非的感叹。

除了城东,在城南也有一座观音院,在"柳色暗藏溪上寺""门前天暝荷花满"的夏日,萨都剌去拜访了这座寺院。

踩着春天的柳絮,沿着青溪,出了城,走过小桥,萨都剌还拜访了柳溪道院。

仕宦期间萨都剌在南方的行迹主要在镇江、集庆(今南京)和福建福州及周围地区。江南多名胜古迹,跟着萨都剌的脚步,我们和他一起观赏他在镇江看到的风景吧。

> 朱栏六曲倚高秋,元气茫茫日夜浮。客去客来天地老,潮生潮

落古今愁。疏钟水国前朝寺,落日海门何处舟。更拟黄昏尽余兴,
却从灯火望扬州。

《登金山雄跨亭》

《元丰九域志》卷5记载:金山旧名浮玉山,唐时有头陀在岩后断
手以建佛寺后,于江获金数镒。上表闻,因赐名金山。金山在长江中,
距城七里。最高峰为妙高峰,有妙高台,山上有金山寺。宋改名龙游
寺。唐、宋诗人张祜、孙鲂、杨蟠、曾巩、苏轼、王安石等都有题金山寺
诗。萨都剌登上金山,避开大家熟悉的金山寺诗题,从雄跨亭入手,在
颈联用"疏钟水国前朝寺"一句将金山寺一笔带过。用海门、扬州写其
地理位置重要,用天地老、古今愁加强历史厚重感。全诗气势宏大,跟
随萨都剌,我们看到了金山历史悠久的气韵和居高临下的气势。

《登金山雄跨亭》诗题又写作《吞海亭望焦山》,焦山与金山相邻,
当年宋代大诗人苏轼在游览了金山后写下"我来金山更留宿,而此不
到心怀惭"的诗句,这个"此"就是指焦山。焦山在镇江府城东北九里
江中,后汉焦先隐此,因此得名。焦山上有焦山寺,寺内有海云堂、赞善
阁、吸江亭等。

江风入霜林,寒叶下疏雨。萧萧复萧萧,可听不可数。山僧亦
好奇,呼童扫行路。到处觅秋声,肩舆入山去。

《题焦山方丈壁》

萨都剌另有《题焦山方丈壁和僧韵》,两次上焦山的时间都是在秋
天,在焦山上萨都剌的活动主要是与僧人一起游山畅谈。肩舆指轿子。
萨都剌在运河上乘坐的交通工具是船,去上都时在陆路上是骑马,进山
则通常乘坐的是轿子。山区道路狭窄,马匹、车辆不宜通行,用轿子则
比较方便,所以轿子是当时山区的主要交通工具。轿子有两种,卧轿是
专为年老体弱的人准备的,萨都剌乘坐的应该是坐轿。

醉拍阑干起白鸥,登临不忍古今愁。六朝文物随流水,三国江
山独倚楼。秃鬓凉风吹木叶,孤城落日下帘钩。海门不管前朝事,
犹送寒潮打石头。

《登北固城楼》

·欧·亚·历·史·文·化·文·库·

北固山在镇江北,下临长江,三面临水,北望海口,山势险固。北固山上有瓮城,也叫铁瓮城,据说三国时吴国孙权所筑周围630步。唐乾符中周宝为润帅,又筑罗城20余里,号铁瓮城,言其坚固也。北固山上有甘露寺,内有梁武帝所书"天下第一江山"六字,所赐铁镬二,其量容百斛。这首诗诗题又作《春日登北固多景楼录奉即休长老》,则"醉拍阑干"拍的是多景楼的栏杆。即休长老即前面介绍过的鹤林寺长老了即休。颔联是对比,六国的繁华如流水逝去,北固山、铁瓮城、甘露寺则让人觉得孙吴的事迹还历历在目。颈联是以拟人手法写孤城夕阳秋景。尾联表达的意思是人事沧桑,江山依旧。萨都剌曾多次登临北固山,登临历史遗迹,唏嘘过后,产生最多的感触就是人事沧桑,江山依旧。在《春日登北固多景楼录奉即休长老》中他把这个意思表达为:"惟有楼前旧时柳,年年三月色如蓝",既然宏伟事业终不免灰飞烟灭,那么姑且借酒畅饮,以诗、酒寄托思绪吧。他在《题北固山无传上人小楼》中说"百年诗句里,三国酒杯间",在登临北固山时(作有《九日》),把这个心意说得更加豪迈"孙刘事业今何在,斗酒聊书太白豪"。

练湖七月凉雨通,白水荡荡芙蓉红。芙蓉红尽早霜下,鸳鸯飞去何匆匆。茜塘女儿弄轻碧,鸣榔声断无消息。清波小藻出银鱼,落日吴山秋欲滴。望湖楼上云茫茫,鸟飞不尽青天长。丹阳使者坐白日,小吏开罂宫酒香。倚阑半醉风吹醒,万顷湖光落天影。挂冠何日老江南,短褐纶巾上鱼艇。

《练湖曲》

与登山相比,萨都剌游湖时的情绪轻松了许多。《元史》卷65记载:练湖在镇江,"镇江运河全藉练湖之水为上源"。在湖光山色中,萨都剌如痴如醉,也就在这时候,萨都剌产生了不做官以后归隐江南的想法。时光荏苒,当晚年的萨都剌再一次在冬天经过练湖时,他作了《腊尽过练湖》,诗中充满了再见练湖的欣喜和依恋,从"独倚牙樯数客程,残年风景足乡情"的诗句中,我们看到了萨都剌心中留恋江南如同思念故乡的温馨情愫。

肩舆晓踏新晴出,山色青青上客衣。昨日千林风雨过,满田白水鹭鸶飞。

《题京口高资包氏壁》

　　登山、游湖,春天到来时到郊外踏青,高资包氏壁具体地点不详,从诗歌描述分析,地点似应在城外。"江南二月风雨过,梅花开尽杏花红"可以看作是对郊外风景的补充。到了三月,镇江城南是"野荠花开春欲尽,山樱子落雨初晴","雨深绿叶樱桃肥,日长青草蝴蝶飞",骑马踏花的萨都剌流连忘返。冬日这里是"千重铁瓮成银瓮,一夜金山换玉山",乘舟寒浦、迷失归路的萨都剌,没有惶恐,而是依旧高唱"好景依然悦我颜"。

　　在真定,佛寺是萨都剌游城的主要内容之一,在镇江也是如此。萨都剌与鹤林寺长老了即休是关系比较密切的好友,如上所述,萨都剌从集庆(今南京)前去燕南河北道廉访司任职时,即休专门从镇江渡船到瓜州为萨都剌送行,因此鹤林寺是萨都剌经常去的佛寺。鹤林寺在城南黄鹤山,旧名竹林寺。传说刘宋高祖时尝独卧讲堂上,有五色龙章。及登基改今名。

　　青青杨柳啼乳鸦,满山烂开红白花。小桥流水绕古寺,竹篱茅舍通人家。潮声卷浪落松顶,骑鹤少年酒初醒。若将何物赏清明,且伴山僧煮新茗。

《清明游鹤林寺》

　　这是春天的鹤林寺,与僧人煮茶品茗是诗人过清明节的方式。

　　病余乘野兴,来扣了翁房。竹笋迸出地,花枝垂过墙。雨声鸣客枕,云气暗僧堂。归路马蹄滑,风吹酒面凉。

《夏日游鹤林寺》

　　这是夏天的鹤林寺,诗人没有当日往返,而是住在了寺院。喝了小酒,游兴已落,他才骑着马,踏着湿滑的地面返回住处。此外,萨都剌有时在秋天造访,有时与友人在鹤林寺相聚。萨都剌何以对镇江鹤林寺情有独钟? 他的诗句"病起借禅榻,高眠避市喧"道出了隐情。如上所述,萨都剌在镇江录事司达鲁花赤的职位上,既为国事民情担忧,有时又与当地权贵产生摩擦,加之不太适应当地水土,经常生病,身心疲惫。

去鹤林寺,一则地僻可以缓解心中压力;二则面对俗世,即休是一位"了公绝若耳不闻,何处深山拾瑶草"的超脱高僧。萨都剌现存 12 首寄予了即休的诗歌,是与僧人交友诗歌中数量最多的,他对即休如此在意,休上人有时也乘轿来回访,"如何与子谈诗夜,腊雪空林落冻柯"。两人关于诗与禅的交流,都能使彼此在精神上获益很多,萨都剌的境遇尤其对他减轻精神压力有助。

镇江还有一座小寺,叫花山寺。天历二年(1329)秋天,萨都剌在这里游览后,寄诗于虞集。第二年三月萨都剌在城南小寺中游览时,收到了虞集的答诗。"玉堂萧爽地,思尔珮珊珊","玉堂"指翰林院,当时虞集任翰林直学士。"思尔"就是思念你。能得到虞集这样的关心和思念,对萨都剌来说,应是不小的安慰。

镇江府下属丹阳县的寺庙,也留下了萨都剌的足迹。

> 公子不来春草绿,故宫禾黍亦离离。沸原尚有千年井,古篆犹存十字碑。去国一身轻似叶,归田两鬓细如丝。李家兄弟一朝暮,羞见延陵季子祠。

> 《季子庙》

季子名叫季札,是周王后代。周文王之父季历有两个哥哥:太伯和仲庸,当太伯和仲庸的父亲决定传位给三儿子季历后,太伯和仲庸逃到吴地,文身断发示不可用。当地人赞赏太伯和仲庸的行为,千余户拥立太伯为王。太伯无子,去世后传位给仲庸。吴王位传到寿梦,寿梦有四个儿子:诸樊、余祭、余昧和季札。季札贤能,寿梦欲传位给季札,季札不同意,诸樊摄政办完丧事,再一次让位给弟弟,季札弃家耕地,不肯接受王位。诸樊去世,传位给余祭,余祭又让位给季札,季札又一次辞让不肯。季札的封地在延陵,所以人们又把他称为延陵季子。《南徐记》记载:季子旧有三庙,南庙在晋陵,北庙在武进,在丹阳者则西庙也。庙内有碑刻,传说是季子去世后,孔子路过季子墓,为他的墓碑题字吴延陵季子之墓。全诗首联写季札开垦过的土地已长满绿草,吴国宫殿也已化为一片荒地;颔联写季札庙内的遗物,"古篆犹存十字碑"就是指的孔子的题字碑;颈联追述季札当年为了辞让王位,弃家归田的行为;

尾联以唐朝李渊、李世民父子争权、骨肉刀剑相见的典故,暗讽元文宗与明宗兄弟争权,文宗毒死明宗的事情。萨都剌写这首诗,应是有感而发。

在丹阳普宁寺,萨都剌得到寺院的招待,"客里逢春多病酒,江南到处半题诗"这应该是他游览活动的主要内容。在丹阳他还送别了王朗和韩伯高。王朗生平不详。韩镛,字伯高,济南人。延祐五年(1318)进士,泰定元年(1324)累官秘书监典簿,历国子博士、监察御史,天历元年(1328)出金浙西宪。"北固雪晴山出画,西湖春动水明楼","安得与君二三月,买花沽酒醉红舟",萨都剌的心已随被送行的人到达了杭州。

大约在30年前,萨都剌第一次来到江南古都金陵,他对这里的春天,印象最深的是水和花。大约30年后的春天,他再一次出入这里,首先跳入他眼帘的还是"高低柳絮飞渡水,红白桃花开满枝"。当然来这里任职的萨都剌,无论在心智的成熟方面,还是在停留在这里的时间充裕方面,当年已与今天无法相比。因此萨都剌笔下的金陵,已不似当年仅仅停留在水多花茂这种直观感性的印象上。

行人雨霁金陵去,萧寺钟声又远听。五月潮声方汹涌,六朝文物已凋零。春风玉树留歌韵,暮日青山立画屏。千古兴亡堪一笑,买花载酒赏心亭。

《望金陵》

这首诗有对元人凭吊古都的描述,有对历史兴亡的感叹,有对江山如画的留恋,有轻视俗世功名的洒脱。诗人的眼是长在他的心智上的,有心智才有眼光。

虽然一再感叹"南朝文物已萧然""六朝文物已凋零",但寻访金陵古迹一直是诗人的爱好。他和好友薛昂夫一起登赏心亭,游景阳宫井。与张翥一起游鹿苑寺周处读书台,泊舟秦淮河。沿清溪夜行,在感受古城的历史沧桑中,任冥冥思绪流淌。张翥(1287—1368),字仲举,号蜕庵,晋宁(今山西临汾)人。少年时负才不羁,不以家业为忧,后幡然悔悟,闭门读书。从学李存、仇远,以诗文名。至正初招为国子监助教,以翰林编修身份参与修辽、宋、金史,三史成,进翰林应奉、修撰,迁太常博士,累官翰林侍读兼祭酒,以翰林承旨致仕,封潞国公。今见与萨都剌寄、和诗四首。

唐代大诗人李白曾作有《金陵凤凰台置酒》,李白是萨都剌最喜欢的唐代诗人,因此他对凤凰台似也情有独钟。在傍晚的雨中,他独登此台,发出"不见骑鲸李公子,几回惆怅此中行"的呼唤。延祐进士郑復初任处州(今属浙江)录事,遭人忌恨,被诬去官,病死家中。萨都剌登凤凰台,"崇台三酹酒,目断雁南飞"以示祭奠。元统元年(1333)易释董阿拜南台御史大夫,听闻萨都剌诗名,与萨都剌登临凤凰台,向萨都剌索诗,萨都剌作《登凤凰台御史大夫易释董阿公索诗援笔应命》:

> 六朝歌舞豪华歇,商女犹能唱后庭。千古江山围故国,几番风雨入空城。凤凰飞去梧桐老,燕子归来杨柳青。白面书生空吊古,日陪骢马绣衣行。

历史往矣,昔日的繁华已成过眼烟云,历史名都今天已是一座"空城"。凤凰已成传说,燕子归来安巢。陪着绣衣上司前来凤凰台,在萨都剌眼中不过是附庸风雅"空吊古"。

当然在金陵,萨都剌去得最多的地方还属被作为金陵城标志的"虎踞龙蟠"之地——石头城和钟山。元代诗人张翥、李孝光都曾与他共登石头城。李孝光(1285—1350),字季和,号五峰狂客,温州乐清(今属浙江)人。少博学,笃志复古,隐居雁荡山五峰下,色目诗人泰不华以师事之,文人朱右也曾向他学习文法。至正四年(1344)诏征隐士,以秘书监著作郎召,应诏赴京,进《孝经图说》,顺帝大悦,至正七年(1347)升文林郎、秘书监丞,至正十年(1350)南归途中去世。今见与萨都剌寄、和诗20首左右。

> 登临未惜马蹄遥,石木秋高万叶凋。废馆尚传陈后主,新碑犹载晋南朝。年深陌路埋花径,雨坏山墙出翠翘。六代兴亡在何处,石头依旧打寒潮。

《登石头》

这是萨都剌独自登临著名的石头城时所作的。萨都剌任江南行台掾的治所就在南京。这次登临石头城是在秋天,诗歌首联写石头城秋景;颔联将南京曾为南朝四代名都的历史一笔带过;颈联写掩隐在历史兴亡、风吹雨打下的石头城;尾联"石头依旧打寒潮",本是寒潮打石头,诗人这里却将石头用作主语,突出石头古城的生命力。

　　石头城在今天南京的清凉山西麓,自虎踞关、龙蟠里、石头城门到草场门,可以看到城墙的逶迤雄峙、石崖耸立,这就是依山而筑的石头城。关于石头城的由来,要追溯到2000多年前的战国时代。据史书记载,周显王三十六年(前333),楚国(都城郢,即今湖北江陵)灭了越国(都城吴,即今苏州),楚威王设置金陵邑,并在今清凉山上筑城。秦始皇二十四年(前223),楚国灭亡,秦改金陵邑为秣陵县。相传三国时,诸葛亮在赤壁之战前夕,出使东吴,与孙权共商破曹大计。据说,诸葛亮途经秣陵县时,特地骑马到石头山观察山川形势。他看到以钟山为首的群山,像苍龙一般蜿蜒蟠伏于东南,而以石头山为终点的西部诸山,又

图 5 - 4　南京石头城遗址

像猛虎似地雄踞在大江之滨,于是发出了"钟山龙蟠,石头虎踞,真乃帝王之宅也"的赞叹,并向孙权建议迁都秣陵。孙权在赤壁之战后,迁移到秣陵(今南京),并改称秣陵为建业。第二年就在清凉山原有城基上修建了著名的石头城。当时长江就从清凉山下流过,因而石头城的军事地位十分突出,孙吴也一直将此处作为最主要的水军基地。此后数百年间,这里成为战守的军事重镇,南北战争,往往以夺取石头城决定胜负。石头城以清凉山西坡天然峭壁为城基,环山筑造,周长"七里一百步",相当于现在的6里左右。北缘大江,南抵秦淮河口,南开两门,东开一门,南门之西为西门,城依山傍水,夹淮带江,险固势威。城内设置有石头库、石头仓,用以储军粮和兵械。在城墙的高处筑有报警的烽火台,可以随时发出预报敌军侵犯的信号。至南朝时,石头城作为保卫都城的军事要塞的地位依旧未变。古代长江绕清凉山麓东去,巨浪时时拍击山壁,将山崖冲刷成峭壁。唐代以后江水日渐西移,自唐武

·欧·亚·历·史·文·化·文·库·

德八年(625)后,石头城便开始废弃,故中唐诗人刘禹锡作《石头城》一诗云:"山围故国周遭在,潮打空城寂寞回。淮水东边旧时月,夜深还过女墙来。"诗人笔下的石头城,已是一座荒芜寂寞的"空城"了。五代时期,石头城上兴建了第一座寺庙——兴教寺,以后这里就成为寺庙、书院集中的风景名胜区了。

在秋日的雨中,萨都剌见到的石头城是:"半日不见路,四山都是云。鱼龙随水上,钟磬隔江闻。"夏日他上石头城避暑,晴朗的夜晚,石头城是:"星河下平地,风露满空山。犬吠松林外,灯明石壁间。"两次去石头城,他都提到长老珪白岩,可知珪白岩应是当时石头城寺庙中的僧人。萨都剌作有《次和清凉寺长老韵》,清凉寺似应是石头城中的寺院。与御史台的同僚登临,萨都剌写下"乌台宾主黄华宴,未必龙山是胜游"。南京是"钟山龙蟠,石头虎踞"之地,萨都剌以此句写游览坐落在虎踞山上石头城的愉悦。乌台即指御史台,因御史台院中树上常落满乌鸦而得名。与好友在城下江面泛舟,他又是另一番情致。在《中秋月夜泛舟于金陵石头城》诗中他描述了与友人相聚的快乐:"着我扁舟二三友,江上雪槎泛牛斗。笑语人间两岸灯,进君江上一尊酒。醉来起舞听浩歌,宛如玉树春风和。世间乐事古来少,天下月明今夕多。"

> 楼阁龙云气,苍茫第几峰。长风万松雨,落月半山钟。石礤盘空险,僧廊落叶重。吾皇曾驻跸,千古说蟠龙。
>
> 《钟山晓行》

石头城位于虎踞山上,钟山则被称为龙蟠山。虎踞龙蟠几乎就是南京的标志。钟山,又名紫金山,古名金陵山、圣游山,三国时东吴曾称它为蒋山,位于今江苏省南京市东北郊。萨都剌这首诗首联写钟山的巍峨气势,颔联写钟山远眺的风景,颈联写登临近景,尾联以元代皇帝幸临南京曾住在钟山上,呼应钟山的"龙蟠"二字。《大明一统志》卷6记载,"崇禧万寿宫,在茅山华阳洞南门之东。宋真宗祈嗣于此获应,张商英撰碑铭。元延祐中改为宫"。刘大彬《茅山志》记载:"仁宗赐号崇禧万寿宫,敕健康路。"钟山为江南茅山余脉,宋真宗在山上建崇禧万寿寺,元仁宗时改名为崇禧万寿宫,是皇帝在南京的行宫。

崇禧万寿宫是萨都剌游览钟山的景点之一,《偕侍御郭翰卿过钟山大崇禧万寿寺文皇潜邸所建御榻在焉侍御索诗因为赋此》即记首次来此地的所见所感,《再过钟山大禧万寿寺有感》则与第一次游览形成今昔对比之意。前首诗领联和颈联为:"珠峰独占金陵胜,宝地尝经翠辇过。花草旧曾沾雨露,殿台今已近星河。"后一首诗的领联和颈联为:"石阑空见岩花落,翠辇不来山路荒。此日风云消王气,旧时草木染天香。"尾联,前一首诗为"登高愿效封人祝,万岁千秋保太和",后一首诗为"夜深行殿无人到,应有山灵护御床",前一首写文宗在时——君在之情景,后一首写文宗逝后——君亡之心愿,对比鲜明。

天历元年(1328)诏以文宗金陵潜邸为大龙翔集庆寺,崇禧万寿宫又被改为大龙翔集庆寺,住持是诉笑隐。

> 东南隐者人不识,一日才名动九重。地湿厌看天竺雨,月明来听景阳钟。衲衣香暖留春麝,石钵云寒卧夜龙。何日相从陪杖履,秋风江上采芙蓉。

《寄贺天竺长老诉笑隐召住大龙翔集庆寺》

释大诉,字笑隐,生平介绍见前述。他是元代诗僧著名"三隐"(笑隐、觉隐、天隐)之一,最后卒于龙翔寺。笑隐虽是僧人,却颇熟悉朝廷掌故,他的《蒲室集》中有与虞集、柯九思、张翥、薛昂夫、李孝光等的唱和之作,他与萨都剌也是互有诗歌唱和的友人,今存萨都剌赠诗两首,上引寄贺诗为其中之一。笑隐和赠诗两首。

萨都剌还与友人张益、廉公亮共同登过钟山。张益,字子寿,湖南人。泰定甲子(1324)科举考试中左榜第一,故有状元御史之称。授翰林修撰,后任中台监察御史。《元史》卷35《文宗纪四》记载,文宗至顺二年(1331)张益上疏弹劾四川行省平章钦察台,左迁西台监察御史。又调任湖南道肃政廉访司佥事,阶正五品。廉公亮生平见前述。

萨都剌登石头城有时借助骑马,登临钟山有时则是乘轿子。在《游钟山》中他曾写下"梁武庙荒春草冷,荆公墓在野棠开"的诗句,可知当时梁武帝的庙可能已不存,但尚能看到宋代文学家王安石的墓。萨都剌还曾游览过半山寺并题诗,据《至大金陵新志》卷11记载,半山报宁禅寺在城东七里距钟山七里,是王荆公安石的故宅。

如上所述,钟山为江南茅山余脉,钟山最多时有寺庙70多所,而距南京不远的句容茅山被奉为道教圣地,钟山上的道观也是萨都剌的拜访之地。

> 金陵王气,绕道人丹室,紫霞红雾。一夜神光雷电转,江左云龙飞去。翠辇金舆,绮窗朱户,总是神游处。至今花草,承恩犹带风雨。落魄野服黄冠,榻前赐号,染蔷薇香露。归卧蒲龛春睡暖,耳畔犹闻天语。万寿无疆,九重闲暇,应忆江东路。遥瞻凤阙,寸心江水东注。

萨都剌这首《酹江月》有小序说:"游钟山紫薇观赠谢道士,其地乃文宗驻跸升遐处。"可知钟山上的紫薇观也号称是皇帝御临赐号之地。据记载金陵城皇帝御临的道观叫升龙观。《至大金陵新志》卷1引《集庆路治图考》记载"升龙观旧三茅冲虚庵",三茅冲虚庵在府城西门龙王庙侧,由谢天祐建,弟子谢日俞继守之。天历年间文宗尝游邻近道庵,有所坐轩,题扁为"全清境界"。1330年合并其庵基创龙翔寺,后命谢日俞另住此庵,改额大升龙观。虞集《道园学古录》卷3《赠升龙观主》有"榻前亲制先生号,赐与江南谢舜咨"的诗句。萨都剌所写钟山紫薇观的道士也姓谢,不知是不是这个升龙观又叫紫薇观,或者还另外有一个皇帝御临赐号的紫薇观?

> 银烛春船剪夜寒,道人鹤氅紫霞冠。山瓢未尽金陵酒,玉树飞花满石坛。

《雪中饮升龙观》

道观里点着白色的蜡烛,道人佩戴着紫霞冠。诗人用山瓢与道人对饮,飘飘洒洒的雪花让萨都剌的升龙观冬行,别是一番情趣。

> 升龙观里谢道士,一入茅山不肯回。白发笑人年百岁,青天容我日千杯。已知圣主求方士,未必先生下钓台。每向石头城下望,顺风应寄鹤书回。

《寄茅山谢舜咨》

谢舜咨是御赐的升龙观观主,但他却似乎更喜欢回茅山。传说汉时有三茅君各乘一鹤来此,所以取名三茅山,也叫茅山。秦始皇听说有民谣"神仙得者茅初成,驾龙上界入太清。时下三洲戏赤城,继世而往在我盈",于是产生了寻仙之意,以后有茅盈、茅固、茅哀即三茅君。茅山在句容县,元句容县属集庆路。茅山被奉为道教圣地,元代皇帝为了提高御赐道观的威望,欲选取宗教界有威望的宗师来主持,谢舜咨似就是被统治者选中的。虽然这个位置可能是许多人梦寐以求的,但从萨都剌的诗分析,谢舜咨似乎并不留恋于此。萨都剌诗集现存五首寄赠谢舜咨的诗歌,两人也是诗酒交往的友人。

萨都剌不仅与茅山道士谢舜咨有诗酒来往,尤其与茅山道士张雨来往较多。当然与张雨的往来更多的是在萨都剌游茅山时。将游茅山,萨都剌先寄诗通知张雨,想到"料得山中张外史,开门先扫鹤巢云",萨都剌充满期待。

> 句曲道人门不出,几时杖屦接殷勤。春晴洗药分泉去,午睡烹茶隔竹闻。山脚客行惊犬吠,树皮苔老结龙文。三层台上月如水,半夜吹箫入紫云。

《次韵寄茅山张伯雨二首》其一

张雨在茅山的居所叫玄洲精舍芝菌阁,到了那萨都剌也过上了隐居生活:晴天采药,午睡烹茶,与老树、黄犬为伴,与鹊鸣、箫声为伍。

在茅山,萨都剌跟随张雨走访道教遗迹。茅山的玄洲精舍曾有一位道士林大敷(1238—1298),号紫轩,自称木通生,温州平阳(今属浙江)人,师许道杞。在观里他担负着解读遗留道经的重任。后来他把这个任务交给了他的徒弟许道民。至元代许道民的坐墙尚存。萨都剌拜访了此地,并为之题诗一首:"白日飞升凌紫烟,灵书犹许道民传。玄洲精舍无多地,夜夜火珠光烛天。"茅山中有一个道观名叫凝神庵,传说宋高宗曾御临此观,并赐道士张达道一把白羽毛扇子。同张雨拜访此观,萨都剌题诗道:

> 晴日赤山湖水明,湖中山影一眉青。蒲衣道士无人识,羽扇年多落凤翎。

《同张伯雨过凝神庵因观宋高宗所赐蒲衣道士张达道白羽扇》

在茅山,萨都剌跟随张雨一起拜访道人。他们一起拜访了一位叫良常的道士。这位良常,由于"终岁看山不下楼",因此认识的人很少。他们在一起饮酒、品茶,直到深夜。萨都剌好酒,也经常喝酒,但张雨不善饮酒。看萨都剌在诗中的记述:

> 张生不好饮,饮酒如饮药。得酒味濡唇,形影先落魄。野人饮不辞,饮尽杯中涸。酒渴向茶烟,松风语幽壑。芳山道士胡不来,一夜灯花向人落。

《拥炉夜宴张天雨宅时张不饮有友谢舜咨尚住句曲因成诗嘲张寄谢》

诗歌记述了有一次寄住在张雨处的谢舜咨与萨都剌邀张雨共饮,张雨喝酒如喝药,酒才刚沾湿嘴唇,张雨就已经似乎神志不清、不胜酒力了。萨都剌对张雨喝酒的描述,虽有夸张,却颇为传神。

当然萨都剌与张雨作为诗友,在一起交往时和诗题诗的内容应该少不了。张雨擅长书法,萨都剌赞誉他的书法是"字字终堪换白鹅"。东晋大书法家王羲之曾以手书《黄庭经》,换取山阴道士的鹅,后人常以这个典故赞誉书法上乘。萨都剌就要离开茅山的前一夜,与张雨一起"剪烛题诗过二更"。

离开茅山,萨都剌一直与张雨保持联系。在去真定赴任离开集庆(今南京)之前,在中秋萨都剌曾在金山、瓜州与王伯循、了即休辞别。在中秋之前,他特地赶往茅山与张雨辞行。萨都剌作《宿玄洲精舍芝菌阁别张伯雨》,张雨以《台掾萨天锡求识余面而之燕南八月十四夜风雨宿菌阁绝句七首明日追寄之》作答。就在这次离别时,萨都剌表露了"它年丛桂结招隐,野服愿随麋鹿游"挂冠后归隐的心愿。

此外在茅山,萨都剌还去了茅山崇禧观南坞楼,借宿于此,"一夜钟楼听雨眠"。游览了元符宫东秀轩,又名日观。这里本是茅山道长种田的地方,被道士辟为东秀轩。"五色晓霞开日观,万株秋露滴云根。竹园笋出穿龙角,松树年深长鹤孙。"虽也是清幽深冷,却到处隐藏着生机。《紫微观道士冯友直与予同宿苗阁次日予过元符宫友直同僧安上人过五云观写诗赠友直》,这一个诗题中包含了三个道观的名字,《大清一统志》卷52记载,元符宫在茅山积金峰下,宋代建。《景定建康志》卷45记载:"五云观在茅山华阳洞西门五云峰下。"萨都剌另作有《云中过龙潭紫微观访道士不值》,可知萨都剌造访的紫微观在龙潭。《至大金陵新志》卷5上记载"龙潭山在州南四十五里",这里的州指溧阳州,属集庆路。据《紫微观道士冯友直与予同宿苗阁次日予过元符宫友直同僧安上人过五云观写诗赠友直》,紫微观应与元符宫、五云观距离不远。则萨都剌诗中的紫微观应在离茅山不远的溧阳州龙潭山上。除了与紫微观道士冯友直的活动,萨都剌在句曲得知清玄道士陈玉泉朝京还山,特写诗相赠。在丹阳时还曾与茅山道士石山辉一起饮酒作诗。仅从萨都剌的足迹交往看,元代茅山道观和道士的数量应该是比较多的。

除了游览龙潭的紫微观,萨都剌还曾投宿在龙潭道林寺。游览长干寺,天禧寺即古长干寺,在金陵府城南门外。游铁塔寺,正觉禅寺一名铁塔寺,在城内西北冶城后冈上,赠诗给正觉寺益山长老。

早春二月,萨都剌投宿淮南长芦道观,元代的长芦在长芦镇(与瓜步相邻),元属河南江北行省,在今江苏六合附近。李清庵闻讯携酒来访。李道纯,字元素,号清庵,都梁道士。撰有《中和集》《周易尚占》《道德会元》。都梁山在今安徽盱眙南,六合西北。"采石仙人携酒来,病颜今始为君开。"李清庵探望,两人甚为投机,相约"明朝酒醒重相见,杖屦江村看腊梅"。萨都剌同年张以宁,时任六合(今江苏六合)县尹。张以宁(1301—1370),字志道,福州古田人(今福建古田)。泰定四年(1327)进士,授黄岩州判官,升六合(今江苏六合)县尹。萨都剌写诗相寄。

有时不出金陵城,萨都剌就去清溪道院坐坐。雪霁独往,是为了享受"孤舟横野水,门外雪晴初"的清朗气候。"倚杖扣门惊鹤睡",应是为了把酒闲话。李孝光来访,萨都剌与他和同年观志能同去城西光孝寺品茶斗诗。在与观志能同任江南行台令史时,两人还一起同赴武昌,留下了"汉阳城高鼓角动,洞庭水深鸿雁来"的诗句。

萨都剌在福建任职的闽海道肃政廉访司,也属于江南行台管辖。

不过其治所在福州,按今天行政区划,在地理位置上已跨入福建省,在元代,福建省也属于江浙行省。萨都剌去福建任职,是携家眷前往,初春从真定出发,四月初八到达福州,整个行程两个月左右。如上所述,去福州时萨都剌一直是沿运河南下,至杭州就到达了运河的终点。从杭州继续往南,萨都剌与家人乘船进入浙江,顺江南下,到了"桐庐山水天下清,洪涛拍岸山围城"的桐庐。桐庐与建德之间有桐君山,著名的钓台就在桐君山中。宋人祝穆《方舆胜览》卷5《建德府》记载钓台"在桐庐西南二十九里。东西二台,各高数百丈。《西征记》记载'自桐君祠而西,有群山蜿蜒,如两蛇对走于平野之上。三江之水,并流于两间,惊波间驰,秀壁双峙。上有东汉故人严子陵钓台,孤峰特操,耸立千仞。奔走名利汩没为尘埃客,一过其下,清风袭人,毛发竖立,使人有芥视功名之意'"。

> 双崖屹立几千仞,下有一叶之孤舟。繁星乱垂光烨烨,长藤古木风飕飕。荒祠幽黑山鬼集,怪石如人水边立。锦峰绣岭云气深,万壑千岩露华滴。山僧对语夜未央,不知风露满衣裳。唤船振锡渡江去,林黑无由归上方。高寒宇宙无人语,乱石滩声洒飞雨。欲从严子借羊裘,坐待船头山月吐。

《夜泊钓台》

诗人将钓台高耸阴冷气氛,渲染得极为形象,使人如临其境。"艇子钓台东畔发,月轮却在钓台西",拂晓残月还挂在天空,萨都剌与家人又出发了。经过三河站,到达了兰溪。

> 水底霞天鱼尾赤,春波绿占白鸥汀。越船一叶兰溪上,载得金花一半青。

《兰溪舟中》

红尾鱼将兰溪水染得如有彩霞飘浮,白鸥点点难以遮掩春水绿中透蓝。与幽深阴森的钓台相比,兰溪别是一番天地。泊舟江中,与友人孟志学酌酒在似葡萄的春溪上,灯影摇曳,滩声阵阵,他们度过了一个无月的夜晚。

经过龙游,萨都剌到达了友人薛昂夫任总管的地界衢州路西安。

马昂夫(1270—1346),本名薛超吾,通常称他为薛昂夫,又名马昂夫或马九皋,西域回鹘人(维吾尔族)。其出生在怀孟(今属河南),后随父迁入南昌。曾拜宋元之际重要的词人和评点家刘辰翁为师,于大德年间踏上仕途,初任江西行省回回令史,皇庆年间,入朝出任典瑞院金院。至治元年(1321)到至正年间历任太平路总管、池州路总管、衢州路总管、建德路总管,其中约 1333—1338 年,任衢州路总管,共任两届。1342 年前后任建德路总管,以秘书监卿致仕,时间大约在至正初年。有《薛昂夫诗集》(或名《九皋诗集》)。

> 洞口龙眠紫气多,登临聊和采芝歌。烂柯仙子何年去,鞭石神人此地过。乌鹊横桥秋有影,银河垂地夜无波。遥知题柱凌云客,天近应闻织女梭。

《三衢守马昂夫索题烂柯山石桥》

宋人祝穆《方舆胜览》卷 7"衢州"条下载"烂柯山,一名石室,又名石桥山,在西安(今属浙江),乃青霞第八洞天。晋樵者王质入此山,忽见桥下二童子对弈,以所持斧置坐而观。童子指示之曰:'汝斧柯烂矣。'质归见乡间,已及百岁云"。薛昂夫在衢州时,曾携属下,陪友人游烂柯山,并吟诗作曲,其两首《双调·蟾宫曲》《题烂柯石桥》今仍存,但其题烂柯山石桥诗已佚,《元曲家薛昂夫》自《孟县志》中辑出两句,"千寻老石桥难渡,一曲残棋路不平"。李孝光、诉笑隐均有和诗。从这首诗诗题分析,萨都剌与薛昂夫关系较为密切,所以索题于萨都剌。

沿着江流继续向西南行进,经过江山到达了今江西境内的玉山。

> 积雨千峰霁,溪流两岸平。野花多映水,山鸟自呼名。人语随乡变,官船带月行。江南数千里,无处不关情。

《玉山道中》

鸟语花香的江南,似乎景色没有多大变化。可"人语随乡变,官船带月行"一句,透露了民风的变化和行程的紧张。

沿江再往西南走,就到了上饶(今江西上饶)。鹅湖山这个集自然和人文景观于一体的地方,也留下了萨都剌的足迹。

> 十里苍松对寺门,四围翠滴露纷纷。湖心水满通银汉,山顶鹅

飞化白云。玉井芙蓉天上露,剑池雪浪月中闻。石床茶灶如招隐,还许闲人一半分。

《过鹅湖寺》

雍正《江西通志》卷 11 记载,鹅湖山在铅山县北 15 里,三峰揭秀,其巅有瀑布,泉周围 40 余里盖县之镇山也。《江西通志》引《鄱阳记》记载,山上有湖,多生荷,名荷湖山。东晋时有双鹅育子数百,羽翮成,乃去,更今名。唐大历中,僧大义在山麓建仁寿院,我们今天称为鹅湖寺。宋淳祐间,始以朱(朱熹——引者注)陆(陆九渊——引者注)诸儒会讲于此,即于寺旁创立书院,赐名鹅湖书院。除了游览了鹅湖寺,萨都剌还结识了一个叫完颜子忠的友人,此人风度休闲,有文采。到福建后,萨都剌还寄诗给他,表达"相思不相见""飞度七闽关"的心意。

所谓闽关,也叫分水岭,在崇安县西北石雄里的武夷山脉上。过了这里就进入福建宣慰司的管辖地了。

晓度分水岭,身在云雾中。手如天上扪,声落山下风。雷霆走涧壑,神人过虚空。顷刻开万象,赤乌飞岭东。白云下千峰,尽入怀袖里。振衣度闽关,洒作山下水。仰登天有梯,俯视井无底。古来守关人,尽作山下鬼。寒食百草青,春风吹不起。

《度闽关》

总结萨都剌笔下闽关的特点,只有两个字:高险。萨都剌与家人度闽关乘坐的是轿子,至崇安建溪改乘船。山高水急,让萨都剌发出"伟哉东南区,奇险闽粤最"的惊叹。如上所述,萨都剌来福建,原本就有点犹豫,也许是在颠簸辛苦中又产生了灰心,在《度岭舆至崇安命棹建溪》中,他写出"行乐须及时,流光逝难再。役役功名徒,历历山水迈"的诗句。一路向南,远远眺望东北,看到"城郭微茫见塔尖"的浦城。快到大横驿站时,又离开船只上岸,改乘轿子。暮色山行,疲惫不堪的萨都剌对这趟远行心中已生出"虚名为一官,游子在万里"的后悔之意。但更艰险的旅程还在前面。

萨都剌舟行建溪,十里至大横驿,又三十里至黯淡滩。这黯淡滩是一个"篙者倒挂牵者劳,攀崖仆石如猿猱"才能通过的地方。"上滩之难难于上绝壁""下滩之舟如箭飞",也许是被船夫勇敢与滩头激流搏斗的精神激发,也许是想起了诗仙李白过蜀道时的浪漫豪气,这时萨都刺的灰心丧气无影无踪,有的是藐视顺境逆境、纵情遨游的豪放。

过了黯淡滩,再往南行就进入了延平路的剑津。这里是建宁、邵武的东溪与西溪的合流之所。

> 万山二水合,汇之为深渊。剑化亦已矣,过者尤凛然。神物岂常处,入地忽上天。所以磊落士,岂为愚者怜。

《过延平津》三首其二

晋人雷焕得两剑于丰城,将一把给了张华,另一把留下来自佩。张华死后,失剑所在,其后雷焕的儿子佩剑渡延平津时,剑跃入水中化为龙,这条溪因此命名为剑津,也叫剑潭。萨都刺的这首诗,化典故入诗,借此歌颂能得神剑之助的壮士。

一路奔波,清明前,萨都刺到了"小阑干外东风急,一树山茶落晚晴"的罗汉寺。四月的福建是"竹溪泥滑滑,榕树雨萧萧","绿树莺啼尽,山红映碧萝"。拿着农家的椰瓢品尝着新酒,看着农人在山田种着晚稻,萨都刺突然想念起了家乡。好在又要上路了,沿路的风景和奔波不允许萨都刺想得太多。

> 旧说榕乡好,来游鬓已丝。片云山对户,一雨水平墀。绿袖持蕉叶,丹林压荔枝。城闉南有市,灯火夜眠迟。

《初到闽》

终于到了目的地。四五十岁的年龄,加之沿途劳顿,白发已悄悄从诗人鬓边长出。福州虽说还是江南,多雨、植被茂盛的特点依旧,但江浙河流冲积平原的特点与福州倚山面海、河口盆地的环境和气候还是有较大差别。福州城区位于盆地中央。盆地四周被群山峻岭所环抱,境内地势自西向东倾斜。因为是盆地,雨水大了容易屯集,即"一雨水平墀"之意,墀指台阶上的高地。芭蕉叶、红荔枝的福州景观在《到闽》诗中被描写为"潮水通城蚬蛤肥,万株红荔艳晴晖"。市场在城区的南边,市场经营虽不似杭州繁华,却也如同杭州灯火闪耀,很晚灯火才灭。

> 岭南春早不见雪,腊月街头听卖花。海国人家除夕近,满城微

·欧·亚·历·史·文·化·文·库·

雨湿山茶。

《闽城岁暮》

这是冬天除夕前福州的街景,在萨都剌眼里,恰似北方的早春。

自 1336 年 4 月到福州至 1337 年 8 月左右离开福建,算年头萨都剌在福建待了两年。喜爱山水的萨都剌,在任职期间游览了不少山水胜景。

海国山西围,繁华坐消歇。楼观沉夕阳,鸿雁下秋色。水边无丽人,石上多古刻。感此暮归迟,秋露满山白。

《立秋日登乌石山和杨子承》

乌石山在府城西南隅,一名闽山,与九仙山对峙。乌石山是当地著名景观,宋熙宁中,郡守程师孟曾改名道山。萨都剌这首诗首联写乌石山的地理位置,颔联写夕阳山景,颈联写石山特点,尾联抒发心中感慨。秋季萨都剌来这里感受秋露满山白的肃穆,夏季炎热,乌石山中很凉爽,有时萨都剌就约友人来这里避暑。

宋人梁克家《淳熙三山志》记载有乌石山三十三奇,即盘陀塔、石龟、放鹤亭、观稼亭、薛老峰、坐禅石、天台桥、仙井、宿猿洞、金刚迹、般若台、初阳顶、落景平、百道阶、鸦浴池、道山亭、华严岩、不危亭、凌霄台、蟠桃坞、石像、铜像、向阳峰、幽幽亭、跨鳌亭、三贤堂、笺香亭、白塔、宿云庵、击壤亭、横山阁、金蟛穴、刚显祠。多是后人为自然天成的景观命名而得。萨都剌还游览了这三十三奇中的仁王寺横山阁和鸦浴池。

天池霹雳斤斧余,天风万劫吹不枯。白云石面化青雨,落日海眼翻乌乌。银河灵鹊渡夜影,月窟老兔时濡须。太平海上锦袍客,跨鹤来看浴凤雏。

《题鸦浴池》

据说鸦浴池是由于雷震石坛而成,一冗丈余,不知泉脉所出,夕阳萧疏,群鸦乱浴而得名。诗歌前四句写鸦浴池得名的缘由,颈联借比拟写鸦浴池的景观,尾联以写游客观赏鸦浴池点题。

秋天萨都剌还去游览了梅山。宋人祝穆《方舆胜览》卷 11"建宁府"条下记载"梅山,在城南三里。《方舆记》:'梅福尝炼丹于此。'有

126

升仙坛"。

> 赤星落色汉祚微,端门日日边风吹。咸阳秋色压宫树,金人夜泣铜驼悲。先生袖疏探虎窟,汉鼎犹堪支一足。九重烟雾似海深,门外何人知恸哭。贼莽白日升高台,玉玺堕地声如雷。周公揖让孺子戏,绛袍将军何日来。尘飞沧海风掷瓦,白鹤身轻快如马。一声铁笛度闽关,山月溪风共潇洒。龙争虎斗耳不闻,长啸袖拂松枝云。夜铛白石煮秋雨,玉佩赤锦飘霞裙。先生一去几千载,尚有当年遗迹在。题诗绝壁寄先生,顿使林峦颜色改。药炉寂莫秋草深,丹井水落莓苔侵。至今火灰化为土,犹有丹光穿树林。

《梅仙山行》

这首诗借梅仙山遗迹,以梅福忠言直谏不被采纳,最终汉亡的典故暗写现实,并表明自己不为世事所累的洒脱处世态度。开首四句写汉将亡国的气象,为下文写汉成帝不纳梅福谏言最终导致严重后果做铺垫;其次四句写梅福进谏及不被采纳后的痛苦;接下来四句写汉亡的结果,并转而反用周公辅成王的典故影射现实,"周公揖让孺子戏,绛袍将军何日来"一句虽以文宗让位于明宗,又毒死明宗,为自己占据王位铲除隐患之事,或以燕铁木儿辅佐文宗上台,继而荒淫无度、独揽大权之史事都可解释得通,但都不是完全合适,而且上述史实萨都剌在《记事》《威武曲》《如梦曲哀燕将军》等诗中都曾写到,所以此句似应是暗指燕铁木儿扶明宗次子鄜王懿璘质班为帝之事。宁宗即位时只有7岁,正合诗句中"孺子"一语,其登上王位完全是受当时权倾一时的燕铁木儿掌控,故"周公"当是喻指燕铁木儿,但宁宗即位一月有余就病死了,故"绛袍将军何日来",实际是暗喻燕铁木儿有周公之权,却无周公之忠心。宁宗即位在至顺三年(1332),萨都剌在元统二年(1334)到福建,这时燕铁木儿已死,顺帝已登基,所以萨都剌在诗中暗刺燕铁木儿乱权,削弱了元朝国力,合情合理,正合萨都剌作诗一贯以重大史实入诗的追求。接下来八句写诗人自己出世的态度,前四句是以"白鹤""铁笛"暗写潇洒的出世态度,出世之道人常以白鹤为坐骑,福建有"铁笛亭",《方舆胜览》卷11记载:"铁笛亭,旧名夺秀亭,故侍郎胡公明仲尝与山之隐者刘君兼道游陟而赋焉。刘少豪勇,游侠使气,晚更晦迹,自放山水之间,善吹铁笛,有穿云裂石之声。"其后四句则公开表明自己"龙争虎斗耳不闻"的超脱。最后八句写梅仙山上梅福炼丹的遗迹,以历史人物的出世态度照应自己的态度,在以历史典故呼应诗题中收结全诗。

闽县南是著名的鼓山,萨都剌没能攀登,只在《望鼓山》中留下了向往"何当临绝顶,俯视浴日盆"的诗句。

在没有回返的消息时,萨都剌常常在无奈和无聊中打发时光。得到从闽海道廉访司调任燕南河北道宪司经历的消息后,时光变得格外轻松,并且日子过得飞快。返回的路程依然是从水道北上,后至元三年(1337)八月十五日中秋节,萨都剌与家人在延平津(剑津)船中度过了一个愉快的中秋。

> 余乃萨氏子,家无田,囊无储。始以进士入官,为京口录事长,南行台辟为掾,继而御史台奏为燕南架阁官。岁余,迁闽海廉访知事。又岁余,诏进河北廉访经历。皆奉其母而行,以禄养也。后至元三年八月望,舟泊延平津。是夕星河灿然,天无翳云,月如白日,溪声潺湲若奏乐,四山环抱,如拱如立,如侍左右奔走执事者。萨氏子奉母坐船上,与其妇具酒肴盘馔,奉觞上寿。继而若妹、若婿、若婢、若仆,以次而进。和而不亵,谨而怡怡,月色荡酒而溪韵杂笑谈。母欢甚,至舟人醉饮,亦相与鼓枻作南歌而乐。今夕何夕,不知奉亲之在异乡也。嗟夫!昔人所谓官游之乐不如奉亲之乐,实天乐也。萨氏子于是命妇盥爵满以酒,再拜为母寿,而作歌曰。

这是萨都剌《溪行中秋玩月并序》的诗前小序,面对朗朗月色,萨都剌畅述生平,尽享天伦之乐。

"昨夕棹歌行,颇忆溪上乐。"过了南平,投宿在大横驿时萨都剌还在回想溪上的快乐相聚。他们沿建溪继续北上,过了建阳,萨都剌遇到了同年偰世文。

偰善著,字世文,高昌(今属新疆)人。偰家是高昌畏兀儿族中著名的世家,偰氏在突厥汗国、回鹘汗国及西州回鹘的政权中,一直是核心统治家族之一,世为相国。归顺蒙古以后,仍是累世显宦。偰家还是元朝著名的科第之家,前后共有9人中进士。合剌普华生的2个儿子:偰文质家有6位进士,越伦质家出了3位进士。善著是越伦质之子。泰定四年(1327)进士,是偰家合剌普华孙子辈中第5人中进士者,善著的2个儿子正宗和阿儿斯兰分别于至正五年(1345)和八年(1348)中进士。历官翰林编修、龚昌帅府经历、湘潭州同知。

偰世文邀萨都剌去他家,两人一起登上溪阁。萨都剌听到茂林修竹间有弦诵之声,经偰世文引荐,认识了鹫峰上人。鹫峰上人又号灵山上人,本姓欧阳,灵是他的出家法名,鹫峰其自号,湖南人。三人在溪阁相会,鹫峰上人将自己作的诗一帙赠予萨都剌,三人告别。偰世文将赴官翰林编修,萨都剌继续北行。

船行至兴田驿大约20里地,突然听到敲锣打鼓的声音,在山谷中回响。从船上眺望山路,只见旌旗导前,兵卒卫后,中间有一位骑马的男子,穿着袍子,头上戴着帕巾,拉着马缰缓缓行进,时不时往水中的行船看一眼。萨都剌不由心生恐惧。过了一会,兴田驿吏驾着车前来迎接,萨都剌与家人弃船登车。于是刚才的旌旗兵卒在车前开路,骑马者跟在车后。傍晚到了一处宅院,进斋中坐下,穿袍子的人进来拜见说:"我是当地的五夫巡检官,听说您要来此,已经等候您近一个月了。我曾经见过您三次,自大都一别,已经五年了,您难道已经忘了我吗?"萨都剌道歉说:"一下想不起将军您是?"穿袍子的人回答说:"我就是您的老朋友云中呀!"萨都剌凝视良久,恍如在梦中。他想起来两人曾在镇江用佩刀换酒喝,在白下门骑马奔驰,在大都因窘迫,借来东家的瘦驴,东倒西歪地出行。见萨都剌想起了自己,借着烛光,他们一起回忆起以前的故事来。第二天,萨都剌与云中畅游武夷山的九曲溪。

芙蓉发菩蕾,桂树花斓斑。中秋前日过,客子未出关。香生桂树丛,露下芙蓉叶。花以寄远人,叶以作书帖。何日棹船还,桂树芙蓉间。船头听我夜吹笛,吹起月轮升东山。

《溪行两岸皆芙蓉桂花余喜遂赋此诗》

溪行望武夷,峭壁何斩绝。赤霞乱不收,大化元气泄。下有万年松,上有太古雪。只恐月明中,铁笛吹石裂。

《望武夷》

从延平津北上,进入建溪。过了建阳,就进入崇溪,沿崇溪一直北上过了崇安,下一站就到了分水关。沿崇溪北走未到崇安时,向西北流出一条分流叫九曲溪。"客子未出关"是说萨都剌一行未出分水关,进入了武夷山的九曲溪游览。在这里萨都剌与云中乘船划行在山岩峭壁之中。他们临流赋诗,天趣妙发,煮茶酌酒,长歌剧饮,相与为乐。傍晚秋风凄凄,下起秋雨,两人在悲伤中告别。萨都剌从始见云中而惧,次得云中而喜,终会云中而乐,又得机会与老友在山水中发挥久别抑郁之怀。不禁感慨:"乐甚而复别,别而复悲,悲复继之以思也。嗟夫!人生聚散,信如浮云,地北天南,会有相见。因赋诗,复为《相逢行》以送之。"作《相逢行赠别旧友治将军》赠以云中。

与云中离别后,萨都剌与家人没有离开武夷,而是住在山中,继续游玩。

我识杜清碧,深居武夷山。采药紫芝岭,行歌白云间。天根深可蹑,月窟高可攀。天子召不起,道人闲往还。

《会杜清碧》

在游览中他遇到了隐居在武夷山的诗人杜本。杜本(1276—1350),字伯原,号清碧,清江(今属江西)人,隐居武夷山。至正三年(1343)因荐召为翰林待制,行至杭州以疾止,终不赴任,年七十五卒。杜本与当时诗坛颇有名气的诗人多有交往,如范梈有《寄武夷杜征君》、马祖常有《寄题杜隐君思学斋》、虞集作有《思学斋记》等。诗中"天子召不起"是指杜本曾在元武宗时因上《救荒策》被朝廷召至京师,不久辞归,再召不就一事。

如果说在江南萨都剌在诗中曾提起归隐,那是说要在致仕之后。在福建远离中央政权,消息闭塞,他体验了无法融入地方权力集团之中的经历后,对仕途的艰险他有了更深入的体验。在武夷胜景中,他想要超脱人世有限时空,投身自然无限空间的想法越来越强烈,在《武夷馆方池》中道出"便从此地觅真隐,何必商山求绮园"的心声。商山也叫

130

楚山,在今陕西商县东南。据说秦朝的四位博士:东园公唐秉、夏黄公崔广、绮里季吴实、角里先生周术是秦始皇时七十名博士官中的四位,他们分别职掌:一曰通古今;二曰辨然否;三曰典教职。后来他们隐居于商山,被称为"商山四皓"。刘邦建立汉朝后,曾想废太子刘盈,立如意。吕后听从张良建议,请这四位隐居高人出入跟随刘盈,刘邦当年曾请这四位隐者出山辅助自己,但被拒绝。现在见刘盈有这四位贤人辅助,知道刘盈羽翼已成,于是刘邦去世后,刘盈登基,史称汉惠帝。"便从此地觅真隐,何必商山求绮园"的意思就是何必要到商山去建一座豪华、漂亮的园林才能隐居,在武夷就可以忘怀时事,真心隐居了。

虽然对武夷流连忘返,但萨都剌的仕途还没有走完,他必须继续北行。过了分水关萨都剌没有按来时的路线返回,似是至铅山州,沿弋阳江经贵溪、安仁入鄱阳湖。到这里萨都剌似乎并没有急着沿长江向北返回,而是顺着赣江南下至南安,又游览了赣江沿途风光。

> 笋舆初下上江船,无数青山入枕边。几处猿啼愁入瘴,五更鸡叫梦朝天。不堪岁月如流水,赖有文章似涌泉。归日乡人问何往,云从海上觅神仙。

《南安道中》

南安在今江西信丰西,在章贡流域之间。在南安(今属江西)萨都剌离开车登上江船是在晚上,江边山上有猿声哀啼,五更梦中似乎听到了鸡的鸣叫声。头发花白的萨都剌这时候已经有了时光如飞梭的感觉,时光留不住,想想借文章写下了自己的生活和思绪,萨都剌心有宽慰。福建之行的风尘还挂在身上,萨都剌想象着如果碰到了乡亲询问自己从何而来,自己应该打趣说:"刚从海上寻找神仙回来。"

> 多情明月落船傍,万里孤城望帝乡。客里已无金马诏,箧中犹有赐衣香。岭南地湿家山暮,天上风微殿阁凉。忆得当年曾夜直,玉龙银箭漏声长。

《章贡道中》

章水和贡水在赣州(今江西赣州市)汇流,当船行驶到这里时,又是夜晚。

站在船头,遥望明月,萨都剌思念大都的情绪越来越浓。想念金榜题名、在奎章阁呈献《经世大典》那些在帝王身边的日子,如今离开潮湿地僻的福建,对帝都的思念犹如船边多情的月光,挥不去,拂还来。

顺着赣江再往北走就是吉安(今江西吉安),"又看青原山色好,故乡归计喜相将",一路远游,萨都剌的思归之心总是伴随在他身边。

从鄱阳湖沿长江北上,至镇江入运河,沿运河就能到大都了。在鄱阳湖东面的城市德兴(今江西德兴),萨都剌曾登上一个叫聚远楼的地方,观看在那里留下的宋朝皇帝书法。池州路东面是青阳,夜宿青阳的云松台,归隐山水的志趣又从萨都剌的诗中流出:"人间官府红尘马,天上神仙白玉盘。高卧云松定何日,仰扳北斗夜阑干。"

青阳的南面有座著名的九华山,九华山的石墨驿是文宗南幸江陵古城路过时,曾经住过的地方。1332 年 5 月,萨都剌在江南行台任职时,夜宿这里,题诗于驿舍的东墙壁上。他曾想象着登上九华"云中五老应招手,唤客来游太乙家"的场景。萨都剌还曾行船在发源于九华的五溪,眺望"排空峭石生玄笋,落日奇峰挂赤霞"的高山,渴望能"几时宿向华峰顶,露月萧萧生桂枝"。

在繁昌(今属安徽),萨都剌与当地长官梅双溪和诗,歌颂这位儒官的清廉爱民。在芜湖(今安徽芜湖)南 20 里的鲁港驿,目睹了前辈诗人贯云石题在墙壁上的诗歌,他忍俊不禁,和诗一首:

> 吴姬水调新腔改,马上郎君好风采。王孙一去春草深,谩有狂名满江海。歌诗呼酒江上亭,墨花飞雨江不晴。江风吹破蛾眉月,我亦东西南北客。

《题鲁港驿和贯酸斋题壁》

贯云石(1286—1324),本名小云石海涯,别号酸斋,祖籍高昌王国之鲁可沁(今属新疆),入居中原后定居大都。曾官两淮万户府达鲁花赤、翰林学士,后辞职定居于钱塘,以写诗和散曲为乐,卒于此。贯云石曾因一首芦花诗换得渔夫的芦花被,传名江南。未能与这位只活了 39 岁的诗人谋面,萨都剌借诗歌与这位自己仰慕的诗人交流。

芜湖的西面是姑熟(今属安徽),在这里萨都剌追忆起已经归隐田园的老友陈行之教授。在对老友"白发故人田负郭"的生活表示羡慕的同时,他打趣自己是"自笑欲归归未得,裁诗相忆墨翻鸦"。

芜湖再往北走是当涂,在今当涂与马鞍山之间,有一个因李白而出名的地方叫采石。《旧唐书·李白传》记载:"玄宗度曲欲作乐府新词,亟召白,白已卧于酒肆矣。召入,以水洒面,即令秉笔,顷之成十余章,帝颇嘉之。尝沈醉殿上,引足令高力士脱靴,由是斥去。乃浪迹江湖,终日沈饮时。侍御史崔宗之谪官金陵,与白诗酒唱和,尝月夜乘舟,自采石达金陵。白衣宫锦袍于舟中,顾瞻笑傲,旁若无人。初贺知章见白赏之,曰:'此天上谪仙人也'。"

李白穿着宫中锦袍,泛舟采石江上,引来后代诸多文人墨客凭吊、怀念。萨都剌也作有《采石怀李白》:

> 梦断金鸡万里天,醉挥秃笔扫蛮笺。锦袍日进酒一斗,采石江空月满船。金马重门天似海,青山荒冢夜如年。祇应风骨蛾眉妒,不作天仙作水仙。

全诗首联写李白诗酒才华,颔联写锦袍游采石,颈联感叹繁华如梦、岁月无情,尾联首句赞颂李白气骨,尾句可以看作对李白游采石的评价,也可能暗含传说:李白为捉取江中月亮,在采石投江溺死的故事。

在九华山的东南,是著名的黄山。山上有凌歊台。登临这里的萨都剌也写下《次韵登凌歊台》。

在历经艰辛颠簸、饱览壮丽山河的行程中,萨都剌离自己将要任职的真定越来越近。我们无法推测在对新职的期待与归隐山水之间,萨都剌心中对哪个人生目标的期待更高?如果杨维桢在《西湖竹枝集》萨都剌小序中的记载"官至燕南宪司经历,卒"是准确的,从萨都剌自福建返回真定沿途所作诗歌分析,萨都剌致仕于此,绝非偶然。当仕途的经历和奔波让他一次次感到寒心和疲倦时,前代诗人、身边老友的生活状态以及江南山水的诱惑却让他一次次感到温暖和迷恋,不知不觉之中他已对归隐山水的生活产生了强烈的向往之心。

关于萨都剌晚年的行踪,康熙时编纂的《安庆府志》记载,萨都剌晚年登司空山太白台,结庐于山下而终。但据我们翻查,这条关于萨都刺流寓的记载是补录的,补录这条记载时,依据的是什么文献,有待考订。因为这一说法缺乏旁证,故我们暂不从。依据我们翻查的资料,对萨都剌致仕后的行踪我们梳理如下。

明代人徐象梅《两浙名贤录》卷54《寓贤》记载:

> 萨都剌天锡,雁门人,寓居武林。博雅工诗文,风流俊逸,而性好游。每风日晴美,辄肩一杖、挂瓢笠,脚踏双不借,遍走两山间。凡深岩邃壑,人迹所不到者,无不穷其幽胜。至得意处,辄席草坐,徘徊终日不能去。兴至,则发为诗歌,以题品之。今两山多有遗墨。而西湖十景词,尤脍炙人口,竟莫知其所终。

武林就是杭州。徐象梅的记载没有说明萨都剌寓居杭州的时间。但从萨都剌优游闲适的生活状态分析,似应是在致仕之后。萨都剌的许多诗歌也可以证明他晚年主要活动在江南。

> 景阳宫井绿芜深,空有杨花暗御林。一自朝云归寺里,几面明月到楼心。陈台露冷蛩声苦,楚水波寒雁影沉。白发词臣多感慨,长歌对酒向谁斟。

这首诗诗题为《和马昂夫杂咏赏心亭怀古》。景阳宫井在南京,传说隋灭陈时,陈后主与张丽华、孔贵妃俱投井,被隋兵发现救出,张、孔二妃的眼泪将井石染成胭脂色,所以此井俗称胭脂井。景阳宫井有石栏,多题字,据元人张铉纂修的《至大金陵新志》卷12记载:"景阳石井栏铭是隋开皇中分书,或云炀帝所作。又有铭是唐开元中江宁丞王震分书,又一铭是唐太和中篆书,欧阳公集古录等书称之。"不过至元代景阳石井栏仅存石一片,上有宋人纵横题字,其中唐介、梅挚都是著名贤人。好古者听说景阳宫井,闻而未见,多来观之。

萨都剌这首诗似应写于1333至1338年,马昂夫任衢州路总管时。从诗中"白发词臣多感慨"一句可推断萨都剌写这首诗时年纪已较大。今见萨都剌与马昂夫和诗4首,除了上引这首,另3首诗题是《三衢守马昂夫索题烂柯山石桥》《寄马昂夫总管》和《和马昂夫登楼有感》。第1首从诗题就可看出是写于马昂夫任衢州总管时;第2首首句诗为"衢州太守文章伯",也是写于马昂夫在衢州任上;第3首首联为"倚遍阑

134

干忆往年,南朝文物已萧然",尾联为"青青楼外秦淮柳,几度飞花送客船",是写于南京。可见萨都刺与马昂夫和诗较多的时间是马昂夫任衢州太守时,两人曾同在南京游览。《和马昂夫杂咏赏心亭怀古》应是两人一同在南京游览景阳宫井后所作。

萨都刺作有《严陵钓台图》,今保存于故宫博物院,这幅画的题款为"至元己卯八月燕山天锡萨都刺写并题于武林"。后至元五年(1339),萨都刺在杭州作《严陵钓台图》。

萨都刺作《偕廉公亮游钟山》,其中有"使君五老峰前去,应有新诗寄病僧"。《方舆胜览》卷17记载:"五老峰在庐山,五峰相连故名。"廉公亮生平见前述。他在至正年间历河南、湖广、江西、福建四行省右丞,"使君五老峰前去"应是去江西路过南京,则萨都刺至正初年曾驻足南京。

> 湖上美人弹玉筝,小莺飞度绿窗棂。沈郎虽病多情在,倦倚屏山不厌听。

《西湖竹枝词》

至正初年,杨维桢浪迹于浙西山水,发起了西湖竹枝词的同题集咏活动,这首见于《西湖竹枝集》的署名萨都刺的诗歌,应是响应集咏活动而作,则至正初年萨都刺曾活动于西湖。

> 涌金门外上湖船,狂客风流忆往年。十八女儿摇艇子,隔船笑掷买花钱。

> 垂柳阴阴苏小家,满湖飞燕趁杨花。繁华一去风流减,今日横堤几树鸦。

《西湖绝句六首》其一、其六

其一的"狂客风流忆往年"的作用是启下,接下来是对当年在西湖生活的追忆;其六的"繁华一去风流减,今日横堤几树鸦"是承上总结,今昔对比。从语气分析似作于诗人晚年时。

> 钱塘三日风雨急,古铜夜光飞霹雳。是知神物出人间,犹带吴宫上花碧。玉桥素练悬银河,支机女儿飞凤梅。虾须风软乱纤影,春水目睛生潮波。破窗冷砚留不得,零落江南酒家客。狂歌索酒

仰面歇,误击红筹唾壶裂。何人进入蓬莱宫,银屏碧幕珠帘重。此
生补阙亦何用,玉龙泻水流芙蓉。

《补阙歌》

这首诗作于杭州,似是萨都剌残年的作品。从"破窗冷砚留不得,
零落江南酒家客。狂歌索酒仰面歇,误击红筹唾壶裂"这几句分析,萨
都剌老年穷困潦倒,似沦落成一个终日贪酒不醒的醉客。萨都剌一生
信奉以诗歌反映时事,希望采诗官能将他的声音传到宫廷内,对朝政起
到拾遗补缺的作用。他的《鼎湖哀》《威武曲》的创作都能体现这种意
图。但生计的艰难,让他开始对"此生补阙亦何用"的追求产生怀疑,
甚至能传达他心声的"冷砚"也被他视为"留不得"的东西。这首诗传
达的似应是萨都剌残年的生存状况和心理状态。

萨都剌在浙东留下了《航坞山》《蜀山草堂》《江声草堂》《龙井》
《东山》《洛思山》等,这些地名都属于浙东绍兴路。《临丹青阁》,丹青
阁是温州西山上一个岩壁的名称,上有紫芝峰。因为这些诗歌具体的
写作时间尚无法确定,故萨都剌老年是否曾长期生活于浙东,暂不下结
论。

6 创作之谜

6.1 萨都剌学习创作探秘

　　自从陈垣先生首次提出元西域人华化的话题后,元代来自西域的色目作家用汉语进行创作的现象,就成了元代文学研究中受人瞩目的一个领域。像萨都剌这样出生于西域回回家庭,以汉语诗歌创作跻身于中国古代诗歌一流作家行列的少数民族诗人,并不多见。那么他是如何学习汉语诗歌创作的呢?

　　元代有一批移居内地的色目文人,通过不同方式学习汉语文学创作,例如葛逻禄诗人廼贤。廼贤(1309—1368),字易之,号河朔外史,西域葛逻禄氏(karluk,元代一般作哈剌鲁、合鲁)。汉姓马,以字行,名马易之,又被称为葛逻禄易之、合鲁易之。至正二十二年(1362),荐授翰林国史院编修,又被刘仁本礼聘主持东湖书院。至正二十三年(1363)赴京,至正二十四年(1364)奉命代祀海岳。复命于京后,以编修保充从事官随桑哥失里军至蓟州(今天津蓟县),桑哥失里奉命移军直沽(今天津),廼贤病于军中,因误诊卒。有《金台集》2卷、《河朔访古记》2卷传世。廼贤的父祖从西域随成吉思汗西征的队伍进入中原,定居在河南南阳(今属河南)。后来又迁居庆元(今宁波),廼贤在庆元长大,从他所受教育、社会关系、社会活动和身份三个方面分析,廼贤已是一位本土化的色目人了,因此他学习汉语文学创作的过程就是在本土化的过程中完成的。具体表现在以下三方面:

　　首先廼贤的本土化特征表现在受到了本土化的教育。王祎《王忠文公集》卷5《河朔访古记序》说:"合鲁实葛逻禄,本西域名国,而易之之先由南阳迁浙东已三世。"刘仁本《羽庭集》卷5《河朔访古记序》说:

"果啰罗(葛逻禄——引者)氏廼贤易之自其先世徙居鄞越,则既为南方之学者矣。"廼贤祖辈徙居浙东的说法,在现有文献中尚得不到明确证实。但其父辈已徙居庆元,则是可以肯定的。廼贤《河朔访古记》卷上在简述父亲好友甄世良碑文后说:"盖君之在四明也,与先君子最厚善。每过余家,喜余诵读,语人曰'此子可教也'。"甄世良(1269—1336),字贤卿,真定人(今河北正定),早岁业儒,既长习律令。历仕庆元路掾曹,浙东、浙西宪司,文宗时除广西道廉访知事。顺帝即位,拜通政院都事。不久,擢监察御史,出任浙东道廉访司佥事,年六十八卒于金华官舍。与廼贤家人的交往,应是在甄世良四十余岁,任职于庆元时。从这段记载可以推知,在武宗、仁宗、英宗时(1310—1320),廼贤父亲已迁居于庆元。他喜交儒学之士,廼贤与哥哥塔海自幼似应受益于父亲对中国传统文化的喜好。朱右《送葛逻禄易之赴国史编修序》说:"易之少小楙学强记忆,与其伯氏从乡儒先游。"伯氏,即他的哥哥塔海,廼贤自幼与哥哥受到了良好的教育。陈高华先生在《元代诗人廼贤生平事迹考》中,考出廼贤曾从学的"乡儒先"是鄞人郑觉民和高岳。

郑觉民(1300—1364),字以道,号求我,鄞县人(今属浙江宁波)。至正中荐授龙游县学教谕,三月弃归,后除处州路学教授,不赴。郑觉民"自经史、传记、诸子,以及天文、地理、历算、兵刑、食货、医卜、释老之书,罔不悉究"。他明礼至孝,善文能诗,从他的号"求我"推断,他应信奉陆氏心学。他的《求我斋集》有"志、序、碑、铭、书、跋若干卷,古体、歌行、五七言诗若干卷"。该集未见流传,《元诗选癸集》(甲)存诗6首。郑觉民家为诗书之家,其长子郑驹、次子郑真、三子郑凤都对经学颇有研究,且能诗。廼贤一直与郑家保持着较亲密的关系。

高岳是宋武烈王高琼后裔,约生活于元世祖至元顺帝时,刘仁本在《羽庭集》卷5《樵隐稿序》中描述他"美髯秀目,仪观丰采",弟子多"擢科跻仕","年逾八袠,尚能书钟王小楷",他的诗"五言敷腴而实,七言质而不靡,长句悠扬洁冏,无事雕琢,皆有唐宋风度"。

从廼贤传世的作品和经历分析,他的主要知识基础是在老师的教育培养下形成的。廼贤未见有经学著述，但至正二十二年（1362），他被任命为翰林国史院编修官，由于交通阻隔，只能于第二年赴京，刘仁本就聘廼贤主持东湖书院。朱右在《送葛逻禄易之赴国史编修官序》中说廼贤任职时"亲为讲肄，不辍乡邦向方"。当时浙东书院所学内容以儒学为主，廼贤能以书院山长身份讲授课程，似可推断他对儒学是有一定研究的。

从廼贤的地理游记著作《河朔访古记》还可以窥见他有比较深厚的历史知识和考据功夫。廼贤的两位老师都是既能古体又善近体的诗人，廼贤学习诗歌创作似应也是得益于老师的启蒙和培养。廼贤能楷书，应是学于高岳。浙东是经史、文学发达地区，浙东名人多是学者兼文人，王应麟、袁桷、上述廼贤的两位老师等都是博通经史的学者兼文人。这种文化传统贯穿在教育中，为廼贤能创作出具有比较深厚历史文化内涵的作品奠定了扎实的基础。

廼贤的本土化特征其次表现在他社会关系的本土化上。能反映一个人主要社会网络的关系是姻亲、师生和交友。廼贤妻子的情况，未见文献记载，但廼贤的家人应该一直生活在庆元。廼贤有诗《三月十日得小儿安童书》《新月行》，都写于他第二次赴大都离家三年时。从诗歌内容分析，廼贤家境不富裕，但已认庆元为自己的故乡。在诗中他回忆在故乡时的生活："江南小儿不识愁，新月指作白银钩"，"在家不厌贱与贫，出门满眼多故人"。江南小儿指他的儿子安童。安童当时已能写信，"万里书来春欲暮"，而廼贤希望他能像自己一样，受到良好的教育："但得南归茅屋底，尽将书册教镫前。"至正二十四年（1364）廼贤以翰林国史院编修的身份奉命代祀海岳，途径庆元，写下《使归》一诗，可知他赴京上任时，家眷仍然留在庆元，从"卧听小女学鸣机"一句可知他还有一个女儿。郑觉民的次子郑真在洪武十七年（1384）离家上任前，"至望春桥，见马鼎，携其父廼贤易之《铙歌集》而行"。马鼎是否是安童已不可知，但似可推断廼贤的后人就定居在庆元，他儿子马鼎从姓名已看不出是少数民族了。廼贤兄塔海有子元童，廼贤作有《秋夜有怀侄元童》，陈高华先生据此诗考述塔海赴四川上任，家眷似也留在了庆元。迺贤家人一直生活在庆元,似也都是庆元人了。

迺贤交友主要有三类人,第一类是布衣,第二类是官员,第三类是宗教界人士。从交友类别看,他交友的情况与在浙东任职约七年的金哈剌颇为相似。金哈剌是一位汉文化修养颇高但并未本土化的也里可温人。下面具体比较迺贤与金哈剌在浙东的友人。

金哈剌《南游寓兴集》中,在浙东酬唱诗歌最多的人有两位,刘仁本和王德昌。与刘仁本的唱和诗至少有 12 首,刘仁本有与金哈剌父子唱和诗歌 4 首。刘仁本(约 1308—1367),字德玄,号羽庭,天台(今浙江天台)人。元末以乙科进士,历温州路总管。至正十九年(1359)任江浙行省左右司郎中,方国珍据温、台,刘仁本入其幕府,方国珍从海上为元运粮,刘仁本实主此事。至正二十七年(1367),方国珍降,仁本鞭背而死。金哈剌与刘仁本交往密切,元宵节他们在一起饮酒题诗。两人各自的诗稿成编后,互相推举,刘仁本《羽庭稿》成编,金哈剌作有《寄题德玄郎中羽庭稿二十二韵》相贺,金哈剌《南游寓兴集》结稿后,刘仁本作序相赠。在日常生活中,两人互相登门拜访,金哈剌在两首诗题中甚至将刘仁本称作"知己"。但友情如此密切的两位朋友,最终却是志相同,道不合。金哈剌在浙东的职务是东南海道防御都元帅,职责似为监督方国珍运粮,刘仁本就是主管此事之人。至正二十三年(1363),方国珍不再为大都运粮,金哈剌返回大都,最终随元帝北亡。刘仁本随方国珍降于朱元璋,被鞭死。从交友动机和结局分析,金哈剌与刘仁本,实际是趣味相投的阶段性合作伙伴。金哈剌与王德昌的酬唱诗歌约有 3 题 10 首,未见王德昌唱和之作。王德昌,生平不详,从金哈剌诗歌推断,王德昌似应为一位家庭富有、以隐者生活方式生活、在当地有一定影响的地方士人。金哈剌与他的酬唱诗歌,或述其游历,或赞其义举,或记其志趣,透过金哈剌积极主动的交友态度,似可推断,与王德昌的交往是金哈剌希望结交当地有名望之士人,融入当地社会,并学习、交流文化的行为。金哈剌在浙东的两位密友,一位是官员,一位是地方名士,都是汉族,从他们的情况似可推断,金哈剌在浙东交友主要看重对方的文化和身份,而不是族群和地域。金哈剌有较深厚的汉文化修养,看重文化是寻求趣味相投,看重身份应与金哈剌作为官员承担的职责有关。决定金哈剌与友人关系的最后砝码,不是文化,而是身份,因为作为官员,金哈剌的命运是与元朝统治集团的利益联系在一起的,他个人的爱好只能服从统治集团的需要,因此在他的任职地,他无法建立完全属于个人的地方社会网络。

　　廼贤是布衣,与友人的交往可以主要从自己的愿望出发。与他交往最密切的人有三位:徐仁则、张仲深和郑真。徐仁则(1309—1340),字伯敬,奉化大族,13岁丧父,孝悌母弟,自励嗜字学,善镌刻,有能名,为王公硕儒所敬重。32岁病卒。徐仁则与廼贤生于同年,两人有近20年的莫逆交情。徐仁则得病卧床,数月不起,直到与从京师归来的廼贤见了最后一面,悄然离世。"平生布衣情"是两人友情的最好概述。张仲深,字子渊,有诗名,多与廼贤、杨维桢、张雨、危素等唱和,有《子渊诗集》。从两人的唱和诗歌分析,廼贤与张仲深是经常在一起举行小型诗会的诗友。他们曾一同游杭州,书写杭州感怀。廼贤在大都,作有两首思念张仲深的诗歌:《南城席上闻筝怀张子渊》(卷1)和《秋夜有怀明州张子渊》(卷2)。张仲深也作《奉寄易之在京师》,表达自己对"日日共吟哦"诗友的怀念。廼贤自京城回来后,张仲深、蒋伯威等人作诗相迎,为了感谢廼贤自京城给自己带回来的文物,张仲深又特作诗以谢。至正十五年(1355)廼贤好友韩玙于杭州病亡,十月廼贤、张仲深、蒋伯威等人"祭于鄞江义塾,约赋诗以挽之"。郑真,字千之,鄞县人,郑觉民次子,与兄郑驹、弟郑凤并以文学擅名。郑真研究六籍,长于春秋,以古文著名。洪武四年(1371)乡试第一,授临淮县教谕,升广信府教授,归。与郑真的友情应始于廼贤就学于郑觉民时。至正二十四年(1364)郑觉民卒,死前嘱咐家人请危素为自己作墓铭,这个请求就是由廼贤入京时转达的。廼贤最后死于军中,临终情况无人知晓。郑真始终惦记着他,最终从李子云那里打听到了廼贤临终的情况,将此事记入《荥阳外史集》。与廼贤友情最深厚的友人,都是庆元人士,是汉族文人。廼贤与他们交往,不因族别,不是合作,不为既定的目的,而是因趣味相投。在因趣味相投的交往中,互相学习成了廼贤学习汉语诗歌创作的重要途径。如上所述,廼贤的两位老师都是在庆元拥有较高威望的本土人士,在老师那里他接受的教育是带有浓郁地域特色的经史、文学并重的教育。廼贤的家人一直在庆元生活,他们将庆元的邻里视为故人,廼贤的后人似也定居于庆元。在庆元,廼贤有与他同生、同长,互相牵挂于心的朋友圈。从廼贤最贴近人物组成的社会关系分析,廼贤的社会关系基础主要建立在庆元,已有比较深的基础,这又为他在庆元取得被地方承认的较高地位和身份提供了良好的条件。

廼贤的本土化特征还表现在他的本土化社会活动与身份上。除了晚年被任命为翰林国史院编修官,廼贤的身份一直是布衣。他的社会活动不受官方控制,也没有受族群影响的痕迹,体现出的是一般地方社会活动特点。在庆元,廼贤基本的社会活动是与友人一起写诗题画。庆元传统文化风气较浓,文人雅士较多。谈诗论文、唱和题画是地方士人的主要社会活动之一。如上所述,张仲深是廼贤"日日共吟哦"的主要诗友,他们曾一起游览杭州,追悼好友。至正三年(1343),元顺帝下诏修辽、宋、金三史,由脱脱主持。派危素到江南征集文献。至正四年(1344),危素到庆元。当时"江南旧家尚多畏忌,密其所藏不敢送官",危素在庆元则受到地方士人的欢迎和帮助。袁桷之孙暨州同知袁曦"以家书数千卷来上",哈刺觯孙沿海万户达鲁花赤安坦出《战扬子桥图》相示。在后至元四年(1338)因重修余姚州海堤而闻名的鄞县叶恒,字敬常,陪危素游览了庆元东湖。危素、叶恒一时兴起,作画题诗,同行文人纷纷作诗唱和,廼贤作《和危太朴检讨叶敬常太史东湖纪游》,胡助作《和叶敬常危太朴同游四明东湖》,张仲深作《题危太朴检讨借船图次叶敬常编修韵》,岑安卿作《次叶敬常编修危太朴检讨东湖嘉泽庙倡和诗韵》等。危素离开庆元时,由陈元昭执笔作了《鄞江送别图》,当地士人题诗若干于图上。第二年,廼贤赴京时,将此图交于危素,危素特作《鄞江送别图序》以记。余阙《题合鲁易之鄞江送别图》似也是为此图所作。危素在江南士人中威望较高,他来庆元,对当地士人而言是一件比较重要的事。廼贤积极参与,并受当地士人嘱托带图给危素,20年后,又为老师向危素传达了写墓志铭的请求。从这些活动似可推断,廼贤是地方士人活动的积极参与者,并且是他们中间比较重要的人物。至正五年(1345),廼贤再次北赴大都。这次北游,与元末浙东士人北游大都的风气也是一致的。廼贤是浙东北游士人中罕见的葛逻禄人,他的北游行为,也是他社会活动地域化的表现。在庆元,廼贤还参加只有威望较高士人才能参加的重要地方文化活动。廼贤参加的这类活动见于文献记载的有两次,一次是至正二十年(1360)庆元为唐朝诗人贺知章建"贺秘监祠堂"的立碑仪式,刘仁本作《贺秘监祠堂记》,所记立石人是"乡老胡世佐、孙蒙、郑觉民、廼贤、杨彝立石,徐仲裕刻";一次是至正二十一年(1361)庆元兴修儒学的立碑仪式,刘仁本在《元庆元路兴修儒学碑》中记立石人有教授若干,"耆儒胡世佐、孙正蒙、贺□、王寿明、廼贤、杨彝、郑觉民"等。地方上有较高威望的士人才能担任乡老、耆儒,他们在浙东地方社会地位比较高,对地方的礼仪、教化等文化事业有重要的指导和影响作用。例如,"至正中,太守王元常议行乡饮酒礼,公(郑觉民——引者)与同里王叔载共定其仪习,而行之观者叹息谓复睹绍兴之旧"。郑觉民出身世家,是庆元著名学者和文人,德高望重。廼贤能与他一起参加庆元的重要文化活动,似可推断作为官方机构之外的地方社会重要人物,廼贤的地方社会身份和地位已被当地承认。

杨彝《金台集跋》说:"与玉能书,时金华王子充为古文,易之与二人偕来江南,京师因目为江南三绝。"以诗歌创作闻名的廼贤与擅长书法的韩与玉、擅长古文的王子充被京城视为江南三绝,在京城人眼里,廼贤也是一个江南人。他学习汉语文学创作的环境是江南,他的诗歌创作也体现着关心民生疾苦、具有比较丰富的历史内涵等浙东文学的特点。

再如雍古诗人金哈刺。金哈刺,原名哈刺,字元素,祖上因功赐姓金,号葵阳老人,雍古人(或作茀林人)。天历三年(1330)进士,任钟离县达鲁花赤,至正四年(1344),任刑部主事,继拜中台御史,出任淮东宪贰。调任东南海道防御都元帅,至正十九年(1359),兼任福建行省参知政事,不足一年,卸去兼职。可能大约在至正二十三年(1363),金

143

哈剌北还。至正二十八年（1368），哈剌以中政院使或金枢密院事身份，随元帝北亡，有《南游寓兴集》传世。

金哈剌是在什么环境下成长的，不详。从他的创作分析，他学习中国古代文化和诗歌创作的途径主要是两个：第一是拜师。金哈剌虽是也里可温，但以科举入仕。元朝科举，蒙古、色目与汉人、南人分试，蒙古、色目第一场经问五条，考朱熹的章句集注，蒙古、色目都是以汉语答卷。由此推知哈剌的儒学、汉语功底都不逊色。《南游寓兴集》录有《呈仲肃先生师席》一诗，从尾联"程门曾立雪，敢忘得陶成"分析，金哈剌曾得王仲肃师授。王壎，字仲肃，婺源（今江西婺源）人。曾任大同路经历，除嘉兴盐场检校，调台州路推官，升判官。明兵入城，死于城中。婺源是理学大师朱熹的家乡，儒学风气浓厚，明弘治《徽州府志》记载王壎"自幼力学"，程端礼《畏斋集》卷 2 录有《寄王仲肃三首》，以"勒铭须大手，不朽在功言"誉之，则王壎思想以儒学为根本。从程端礼诗歌内容分析，王壎为一饱读诗书、渴望建功立业之士，适逢元末，只好"浊醪聊自遣，一醉解春衣"。程端礼所述王壎晚年情况，与金哈剌《王仲肃先生画像赞》之"今行吟乎台山之树。殆将循溪而鱼，绿木而樵，屋青山而友白云，养修龄而避纷嚣也"相合，似可推断王壎晚年因元末动乱，赋闲不仕。哈剌是何时拜王壎为师，已不可考，但王壎是以"不朽在功言"的儒家学说为思想根本，金哈剌是其学生，在思想上与其老师应是大致相合的，也有可能金哈剌就是为其思想所吸引，才拜他为师的。

第二，交友。从金哈剌的作品分析，他的交友类型主要有两类，一类是有文化的官员。金哈剌与官吏酬唱诗歌数量最多，几乎占交游诗歌的一半。金哈剌交游的主要是中下层官吏，从酬唱诗歌内容看，有赞扬友人才华并以建立事功相勉的，如《用前韵和何伯大县尹》；有记与友人畅饮游乐的，如《李彦谦知事邀饮小楼看山有作》；有应友人之邀作诗题画的，如《写扇寄南台纳侍御》；也有寄诗表达对朋友的思念的，如《寄马德方监邑》。交友对象主要是文官。在入仕的友人中，与金哈剌唱和最多、友情最密切的是刘仁本。《南游寓兴诗集》收录与刘仁本的唱和诗至少有 12 首。刘仁本《羽庭集》中有与金哈剌父子唱和的诗歌3 首,此外,《永乐大典》卷 3526 录有刘仁本的《次金防御过海门韵》。

刘仁本(约 1308—1367),字德玄,号羽庭,天台(今浙江天台)人。元末以乙科进士,历温州路总管。至正十九年(1369)任江浙行省左右司郎中,方国珍据温、台,刘仁本入其幕府,方国珍从海上为元运粮,刘仁本实主持此事。二十七年,方国珍降,仁本鞭背而死。有《羽庭集》传世。

江南是元大都的主要粮仓,粮食北运主要靠海运。元末由于方国珍、张士诚先后起兵江南,海运中断,大都的粮食供给成了大问题。至正十六年(1356),方国珍降元,元授其官职海道运粮漕运万户兼防御海道运粮万户,同年金哈剌任职东南海道防御都元帅。从金哈剌的诗歌看,其主要的活动地区在浙东的庆元、台州、温州地区。作为色目官员,金哈剌的主要职责可能就是监督方国珍的海运。而方国珍的海运业务主要由刘仁本经营,因此金哈剌与刘仁本交往唱和,似因缘起于为完成各自职责,即两人之间的协调合作。但从唱和诗歌看,两人之情谊又非官场中的泛泛之交。金哈剌与刘仁本的唱和诗歌不仅数量多,而且在两首诗题中将刘仁本称作"知己",对刘仁本的思念之情,甚至达到"别来才只尺,胜似几昏昕"之殷切。两人有不少共同酬唱的官员、友人,如刘仁本作有《送周译史进表赴京》,金哈剌和有《和刘经历送译史周敏中进表》;刘仁本作有《清华樵隐为丘理问赋海上诸峰》,金哈剌和有《用刘德玄郎中清华樵隐韵寄丘彦材理问》等。从官职品位讲,金哈剌的职位高于刘仁本,他似不应是为了单纯逢迎刘仁本作这些和诗。逢年过节,金哈剌与刘仁本还常在一起饮酒作诗,互赏诗才,金哈剌在《元宵和刘德玄知己》中,描述了他们一起过元宵节的热闹景象,尾联写道:"最喜风流贤幕府,新诗题处笔生花。"刘仁本在《次金防御越上韵》中也对金哈剌的诗才赞扬有加,首联道:"渡江风雨客奇哉,越上新诗马上裁。"两人各自的诗稿成编后,互相推举。在日常生活中,两人还有互相登门拜访的走动。"尊翁八十三,见我即具膳。乃知真契家,诸孙命侍宴。令弟亦雄发,三台文学掾。"这是哈剌描述的刘仁本家庭

·欧·亚·历·史·文·化·文·库·

成员,知书达理,礼节周全。"白璧一双怀美器,黄金千仞筑高台。"这是刘仁本笔下的哈剌之子文石和武石,精通音律,天资秀发。从两人的交往唱和分析,金哈剌视刘仁本为"知己",并非虚饰之词。

从唱和诗歌内容分析,两人相知的思想基础是儒家建功立业、经世济国的思想。金哈剌在《寄刘德玄知己》一诗中写道:

> 籍籍贤宾幕,昂昂鹤出群。高谈惊四座,雄笔扫千军。马踏燕山雪,舟移海屿云。往来防御事,一一赖斯文。

金哈剌欣赏刘仁本,显然是由于刘仁本有建功立业之心及其才能。刘仁本在《贺金元素拜福建省参政仍兼海道防御》中,除了赞扬他的才能、功业外,还有他对元朝的忠心:"金君将相材,起身自文章。时危多武备,帝命出御防。三年持节钺,四境民乐康。回澜砥砥石,心赤葵倾阳。"共同的志向使两人惺惺相惜。

两人思想基础相同,还能从他们交有情志相投的共同友人这一点得到印证。铁德刚是金哈剌的同年,哈剌先后作有《大仁寺见铁德刚帅相就访王山长》和《简德刚元帅》酬唱,铁德刚去世后,哈剌在《铁德刚同帅挽诗》中以"议论师诸葛,阴功见叔熬"相比,追念友人。刘仁本《挽铁德刚防御》也是以醋畅的情辞追念友人生前才德,表达自己"干戈满眼添惆怅,樽俎何人复笑谈"的悼念之情。两人的悼诗,虽是一首五言,一首七言,但异曲同工,抒发的都是适逢元末动乱,痛失可以共同合作、一起建功立业友人的心声。

但如上所述,方国珍背叛了元朝,金哈剌与刘仁本变成了分属两个不同政治阵营的人,两人最终因志相同、道不合分手。因此从交友动机和结局分析,金哈剌与刘仁本,实际是趣味相投的阶段性合作伙伴。在趣味相投的交往和交流中,互相学习是哈剌提升自己诗歌技艺和文化水平的途径。

相比较官场上的应酬交往,哈剌与另一类朋友的交往——非官员文化人士和僧侣的交往目的要单纯得多,这类友人身份多样,有秀才、隐士、处士、卜者、乡贤、耆老等。这些人虽然身份不同,但都有一个共同的特点,即都是饱读诗书的才学之士。他们有些是有才未能入仕者,如《日者黄桂林》中的黄桂林,有些是因时乱离职家居者,如《越人王介字如石号豫斋索诗》中的王介,还有些是不愿入仕的隐士,如《谢玉如小像》中的谢玉如。非官员地方士人,虽然没有行政官职,但他们或因较高的经济地位,或因有较大的文化影响力等,在地方社会中具有较重要的作用。金哈剌与他们的交往,似应既有主动融入当地社会和文化圈子的动机,也有交流思想、学习文化的愿望。

在金哈剌非官员友人中,酬唱诗歌最多的是王德昌,共有 3 题 10 首。王德昌,生平不详,金哈剌诗中是这样描述他的:"架上书连屋,门前稻满畦",这是王德昌的居处;"寻常逋酒债,日夜为诗愁",这是王德昌的爱好;"隐者居林下,经年不到州",这是王德昌的行踪;"义塾闻新起,君家实有开",这是王德昌的社会活动。再结合《仙风八咏为王德昌赋》分析,王德昌似应为一位家庭富有、以隐者生活方式生活、在当地有一定影响的地方士人。金哈剌与他的酬唱诗歌,或述其游历,或赞其义举,或记其志趣,透过哈剌积极主动的交友态度,似可推测出哈剌希望结交当地有名望之士人,学习、交流文化的愿望。

哈剌自出任东南海道防御都元帅,一直在蒙元政治权力机构中占据着比较重要的位置,因此对他而言文化兴趣最终要服从政治的需要,这也是他最终成为一位具有较高中国传统文化修养的元朝忠臣的原因。萨都剌学习中国传统文化的途径与哈剌相似,但仕途不顺,使他把更多的精力放在了提升自己的创作水平上。致仕后,文化与创作兴趣成为他生命的全部,全身心对创作的投入,最终成就了他在中国文学史上一流诗人的地位。

自称是燕京(今北京)人的萨都剌,似应是在大都长大。元大都是一个多元文化的汇聚中心,因此在萨都剌身上看不到像廼贤那样明显的受本土化教育的特征。入仕以后,萨都剌常常是携家眷上任,晚年他主要活动踪迹在杭州,他及他的亲属似没有定居大都。他交友的特点也与廼贤不一样,与他来往频繁的友人大多志趣相投,如,与他诗歌唱和较多的了即休、张雨、李孝光等人,他们并不是一个地域长大的。萨都剌自幼是通过什么途径接受的中国传统文化教育,不详。可以探知

147

的是他与哈剌一样,是通过科举考试入仕的,在《偶成》一诗中,有"默坐焚香点周易"的诗句,似可推测他应有较好的儒学功底。萨都剌学习诗歌创作,主要途径有两个:第一是学习前人。

如前所述,李白是萨都剌最喜爱的唐代诗人。萨都剌不仅在采石游览时写下《采石怀李白》,在经过池州路和青阳的时候,他就写了《过池阳有怀唐李翰林》:

> 我思李太白,有如云中龙。垂光紫皇业,御笔生青红。群臣不敢视,射目目尽盲。脱靴手污袜,蹴踏将军雄。沉香走白兔,玉环失颜容。春风不成雨,殿阁悬妖虹。长啸拂紫髯,手捻青芙蓉。挂席千万里,遨游江之东。濯足五湖水,挂巾九华峰。放舟玉镜潭,弄月秋浦中。羁怀正浩荡,行乐未及终。白石烂齿齿,貂裘泪蒙蒙。神光走霹雳,水底鞭雷公。采石波浪恶,青山云雾重。我有一斗酒,和泪洒天风。

诗中追述了李白被召入宫,令高力士脱靴的洒脱。所谓"春风不成雨,殿阁悬妖虹",是说唐玄宗专宠杨玉环,李白未能沐浴皇恩,被贬出宫。自"长啸拂紫髯,手捻青芙蓉"之后,诗歌对李白放浪江湖的潇洒生活,极尽褒扬之能事。"我有一斗酒,和泪洒天风"是对李白的深切悼念,这其中似乎还包含了自己许多感同身受的体验。

在九华山的东南,是著名的黄山。山上有凌歊台。李白作有《凌歊台》:"旷望登古台,台高极人目。叠嶂列远空,杂花间平陆。闲云入窗牖,野翠生松竹。欲览碑上文,苔侵岂堪读。"经过这里萨都剌也写下《次韵登凌歊台》:

> 山势如龙去复回,闲云野望护崇台。离宫夜有月高下,辇路日无人往来。春色不随亡国尽,野花只作旧时开。断碑衰草荒烟里,风雨年年上绿苔。

从诗题分析,这首诗应是萨都剌作的和诗,所和为何人不知晓。首联写凌歊台的地势。颔联暗含一个典故:在黄山上,宋武帝曾经登上此台,并在此地建有离宫。"辇路"就是指皇上车子通行之路。无人往来是说昔日皇帝驾临之地,今已废弃。颈联写国朝更替,山河依旧。尾联以衰草、断碑,感叹历史兴亡。萨都剌这首诗的首联与尾联与李白诗歌的构思非常相似。

> 长滩乱石如叠齿,前后行船如附蚁。逆湍冲激若登天,性命斯须薄如纸。篙者倒挂牵者劳,攀崖仆石如猿猱。十步欲进九步落,后滩未上前滩遭。上滩之难难于上绝壁,虽有孟贲难致力。滩名况复呼黯淡,过客攒眉增叹息。下滩之舟如箭飞,左旋右折若破围。欢呼踏浪棹歌去,晴雪洒面风吹衣。飞流宛转乱石隘,奔走千峰如马快。贾客思家一夕还,传语滩神明日赛。下滩之易易如盘走珠,瞬目何可停斯须。长风破浪快人意,朝可走越暮可吴。乃知逆顺有如此,逆者悲愁顺者喜。请君听我黯淡歌,顺则流行逆须止。顺者不必喜,逆者不必愁。人间逆顺俱偶尔,且得山水从遨游。

李白作诗不喜严格局限于格律,喜作七古,长短句交错,有腾挪张扬之气势。萨都剌的这首《黯淡滩歌》运用七古杂言,腾挪叠嶂,将黯淡滩的艰难险阻生动地呈现在读者面前,颇得李白《蜀道难》诗歌的神韵。这首诗在形式上虽以七字句为主,但既有九字句"上滩之难难于上绝壁""下滩之易易如盘走珠",又有五字句"顺者不必喜,逆者不必愁",而且全诗诗境开纵,从滩势之险、水势之急、船夫之劳、过客之愁、舟行之疾,最后落笔人生顺逆之境,开合纵横,可以明显看出对李白诗歌技巧的学习和继承。

除了李白,宋代的苏轼也是萨都剌曾经次韵追和的诗人。

> 孤峰峙平畴,松杉夹飞岭。古剑池独奇,两壁插天井。晃疑将军拜,灵泉奔老耿。深惟着蛟螭,净莫容蚪鼋。昔试盘陀锋,斩断寻尺圹。兆瘗银凫多,气结金虎猛。至今王霸业,堪笑未全聘。何如吾同游,俯仰无少哽。小吴不满目,坐览三万顷。风高塔铃语,日昃萝衣冷。香积饷醍醐,法喜得隽永。嗟嗟峨眉仙,尝来弄光景。踪迹留雪泥,宇宙寄泡影。九京倘可作,当为折简请。
>
> 《经姑苏与张天雨杨廉夫郑明德陈敬初
> 同游虎丘山次东坡旧题韵》

张雨生平见前述。

杨维桢(1296—1370),字廉夫,号铁崖,铁笛道人,晚号东维子,山阴(今浙江绍兴)人。泰定四年(1327)进士,授天台县尹,改任绍兴钱清场盐司令。因盐场一再亏损十年不调。至正初,朝廷修宋、辽、金三朝史,书成,杨维桢上《正统辨》,修史总裁欧阳玄予以举荐,但仍长期沉抑下僚,任杭州四务提举,转建德路推官,升江西儒学提举,因兵乱未上。浪迹浙西山水间,洪武二年(1369),召修礼乐书,书成返乡,次年应召至京师,以疾请归,不久卒。有《东维子文集》《铁崖古乐府》《丽泽遗音》等集传世。

郑元祐(1292—1364),字明德,处州遂昌(今属浙江)人,后徙钱塘。常向宋代咸淳遗老稽隐质疑,多有所得。十五岁能作诗赋,读书广博,广交名士。父亲去世后侨居平江(今苏州)。至正十七年(1357)除平江路儒学教授,仅一年因病离职。后七年升江浙儒学提举,仅九月病卒。著有《侨吴集》。

陈基(1314—1370),字敬初,临海(今属浙江)人。从学于黄溍,随至京师,授经筵检讨,归寓吴后,仕于张士诚,升学士。入明,参与修撰元史,赐金而还。

这首诗是萨都剌追和苏东坡《虎丘寺》作的诗歌,苏轼原诗如下:

> 入门无平田,石路穿细岭。阴风生涧壑,古木翳潭井。湛卢谁复见,秋水光耿耿。铁花秀岩壁,杀气噤蛙黾。幽幽生公堂,左右立顽矿。当年或未信,异类服精猛。胡为百岁后,仙鬼互驰骋。窈然留新诗,读者为悲哽。东轩有佳致,云水丽千顷。熙熙览生物,春意破凄冷。我来属无事,暖日相与永。喜鹊翻初旦,愁鸢蹲落景。坐见渔樵还,新月溪上影。悟彼良自哂,归田行可请。

《虎丘寺》

苏轼写寺,萨都剌写山。杨维桢、郑元祐、陈基都以文出名,在与同代文人聚会时以次韵追和前代著名诗人的创作,萨都剌不仅在向前代诗人学习,与同代诗人在交往中学习,是他学习诗歌创作的第二个主要途径。

在萨都剌的诗集中,有与翰林国史院和集贤阁学士虞集、宋本、吴克恭、揭傒斯、黄溍、张翥、张以宁等的唱和之作,与虞集相交颇深。在蒋一葵的《尧山堂外纪》中,还留下了萨都剌"一字师"的传说。萨都剌作《寄贺天竺长老诉笑隐召住大龙翔集庆寺》诗中有"地湿厌闻天笠雨,月明来听景阳钟"两句,虞集见后说:"诗是好诗,但'闻'和'听'两个字的意思重复。"萨都剌后来到福建闽海廉访司任职,见到诗人马祖常。马祖常对这首诗的评价,也与虞集相同。萨都剌想改之,但苦思良久,不可得。后来,萨都剌因事到临川,拜访虞集。谈话间说到前诗,虞集说:"这是容易的事。唐朝人有诗云'林下老僧来看雨',你的那句改作'地湿厌看天笠雨',音韵、意思都要胜过原句。"萨都剌叹服,拜虞集为"一字师"。此事传为诗坛佳话。

萨都剌诗集中寄赠友人的诗歌近180首,其中可考出有文名的友人有近70名。除了上述的学士、著名文人,萨都剌还曾是元末有江南诗坛盟主地位的顾瑛家的席上客。作有《席上次顾玉山韵》:

> 画墙班鸠啼绿树,白日紫燕穿朱帘。昼长深院弄瑶瑟,吴姬十指行春纤。

顾瑛(1310—1369),又名顾德辉,顾阿瑛,字仲瑛,号金粟道人。昆山(今属江苏)人,其园林"玉山佳处"(玉山草堂)和倪瓒在无锡的园林"云林隐居",是元代顺帝前期东南文人的两大活动中心。顾瑛不屑仕进,举茂才,署会稽教谕,又辟行省属官,都不赴职。其长子顾元臣曾为元朝水军副都万户,因此明洪武元年(1368)全家随长子被流放临濠。第二年顾瑛卒于此地。

元末江南诗坛,杨维桢和顾瑛联手,为繁兴江南诗坛做了许多事情。温州诗人李孝光积极唱和杨维桢,创作了不少古乐府,以致他死后,杨维桢哀叹"季和死,和者寡矣"。李孝光《五峰集》中存有与萨都剌相关的诗歌约10首。此外萨都剌有道士友人张雨、李道纯等,或以诗歌闻名,或学识过人;有僧人友人大诉和了即休等,他们既是他的诗友,也是常与他谈禅学、化解心中郁闷的良师;有色目友人马祖常、薛昂夫等,他们都是当时文坛的著名文人;有布衣出身的友人付若金、陈旅

·欧·亚·历·史·文·化·文·库·

等人,他们的交往仅仅因为互相赏识学识和文学创作……这样的交往,每一次相见或聚会都是学习和提高的过程。在这样的环境中,直到生命最后,萨都刺在《补阙歌》中虽然发出"破窗冷砚留不得""此生补阙亦何用"的灰心之语,但这首诗歌在形式上奇崛瑰丽,纵横开阖,对萨都刺自己以前诗歌的风格又有突破。在诗歌创作上不断学习与突破,也许这已经成了萨都刺生命过程中的一个习惯,而杭州是一个到处可以找到学习机会的地方,萨都刺晚年行迹流落于此,并不是没有缘由的。

6.2 萨都刺诗集中
重复见于其他作者名下诗歌探秘

传世的萨都刺诗集中,出现了大量重复见于许多其他作者名下的诗歌,这是怎么回事呢?

萨都刺诗集元刊本未见,明代刊刻的萨都刺诗集有三种版本,即明代弘治李举重刻赵兰本《萨天锡诗集》(5 卷或前后 2 卷)版本系统,明代成化张习刊刻《雁门集》(8 卷)版本系统,明代末年,毛晋汲古阁以《萨天锡诗集》(弘治本)和《雁门集》(成化本)为底本刊刻的《萨天锡诗集》(《元人十种诗》本),首开将萨都刺诗集两种版本刊刻于一集之先。至清代,顾嗣立《元诗选》中的《天锡雁门集》承继了汲古阁本的做法,编选两种版本的诗刻录于一集,并对两种版本的诗歌异文做了校勘;萨都刺的后裔萨龙光发展了毛氏、顾氏调和版本的做法,汇编《雁门集》(成化本)、《萨天锡诗集》(弘治本)、汲古阁《萨天锡诗集》(3卷、集外诗 1 卷)和顾嗣立的《天锡雁门集》(《元诗选》本),编注了《雁门集》(14 卷本),萨龙光倾力意欲集大成,但从《雁门集》(嘉庆 14 卷本)收录诗歌和编年的情况看,这个本子又成了萨都刺诗集国内传本中收录他人作品最多的本子。在中国刊行于 1905 年的《永和本萨天锡逸诗》(《新芳萨天锡杂诗妙选稿全集》),又将留存于日本的萨都刺诗集面目公布于世。李佩伦先生在《论永和本萨天锡逸诗》中指出此诗

集底本刊刻于明洪武九年（1376），当
为萨都剌传世诗集中刊刻时间最早的
诗集。但杨镰先生的《元佚诗研究》揭
示出其中大量作者互见咏物诗存在的
事实，又对该集版本的真伪提出质疑。

　　事实上，现存萨都剌诗集的三种版
本虽来源有别，但都有一个共同的特殊
之处，即均发现了几十首乃至上百首见
于多位作者名下的诗歌，具体情况下文
我们将做具体分析。无论萨都剌传世
诗集情况及形成原因多么复杂，它们都
证明"今存的任何一种萨集都已非原
貌"。

图 6-1　四部丛刊影印
明弘治本《萨天锡诗集》

　　萨都剌与卢琦互见诗，是萨都剌互见诗中数量最大的部分，据我们
清查，多达上百首。这些诗的作者究竟是谁，目前学界绝大部分学者认
同前人观点，认为是萨都剌的作品，只有个别学者持不同意见。

　　卢琦（约1309—1362），字希韩，号立斋，泉州惠安（今属福建）人。
至正二年（1342）进士，授将仕郎台州录事，至正十二年（1352）任永春
县尹，到任后，赈饥均赋，讼息安民，延师兴学，并通过喻以祸福之劝说，
使邻邑盗贼缴械。第二年，泉郡发生饥荒，死者枕藉，百姓能行者纷纷
就食于永春，卢琦命寺院与富豪人家供给他们食物，存活人数不可胜
计。至正十四年（1354），战乱波及永春，卢琦身先士卒，率百姓屡次战
败来犯之敌，使得永春安然无事。至正十六年（1356），改调宁德县尹，
擢福建盐课同提举，至正二十二年（1362）迁平阳知州，未上任卒。

表 6 - 1　卢琦行迹及家庭情况一览表

序号	时间	行踪及著述	家庭成员情况
1	约至大二年（1309）	生于泉州惠安	父卢庆龙（1277—1344），字云从。母郑氏（?—1317），兄卢屿，弟卢琥、卢瑛
2	至正元年（1341）	参加省试，为乡贡进士	
3	至正二年（1342）	中进士，授将仕郎台州录事	妻恭人陈氏（1309—1373），1336年28岁嫁卢琦，生四子
4	至正九年（1349）	在镡津（广西两江道），受托作《重建登科岩考》，六月在三华作《三华重修讲堂记》	
5	至正十二年春到至正十六年（1352—1356）	在永春县做官，著有《重修永春县学记》《永春县重建公署记》《永春平贼记》等	
6	至正十六年（1356）	改调宁德	
7	至正十九年（1359）	初夏游菱溪，曾寓乌石精舍。秋为盐司提举督课于莆阳	
8	至正二十一年（1361）	至福清平南作《东坡善应庵记》	
9	至正二十二年（1362）	春，寓海口（场）（在福清州东南），秋七月，卒于疾。	

　　卢琦不仅是著名的廉吏，而且以孝闻名。他曾师从余子贤，随师赴试于浙，不幸师病而卒。他不顾试期，奉师而归。得俸禄后，对师家颇有照顾，亦如师在之时。卢琦与陈旅、林以顺、林泉生皆以文学为闽中名士，陈忠《卢平阳哀辞》载卢琦"经学该贯""为人简重"，并载其师余子贤说"卢生在吾门十余年不见其有惰容"。以其师言核其言行，颇相符合，循礼克己，建功务实的作风在其诗歌中也颇有体现。有《圭斋（峰）先生集》（2卷或作13卷）传世。

　　早在明代徐𤊹就已指出萨都剌诗混见于卢琦名下的问题，他在

《笔精》中说，卢琦："所著有《圭斋(峰)诗集》，岁久弗传。近惠安庄户部征甫汇而梓之，误入雁门萨天锡诗六十余首，萨诗世有传本，校者一时未之考耳。"顾嗣立延续了徐燉的观点，又进一步从卢琦诗歌特点出发，指出："良吏高风，情词婉约，蔼然自见于言外，是则《圭峰》之真而已矣!"并录出卢琦诗45首，说明自己的采录是"兹特芟其重见他集者，采而录之"。萨龙光也承继了徐燉的观点，认为两人互见诗都应是萨都剌的作品。他们又继续清点，新发现了数首两人互见诗。而我们清点的互见数字为萨都剌诗80题102首，卢琦诗78题86首。

关于重复见于两位作者名下的诗歌，究竟是谁所作，我们认为徐燉、顾嗣立、萨龙光的意见更能使人信服。

首先《圭斋先生集》，是卢琦诗集诸版本中首先出现重复见于萨都剌名下102首诗歌的集子，这个集子存在很多问题。这个集子是由庄毓庆于明万历三十七年(1609)刊刻，北京图书馆古籍珍本丛刊所收卢琦集即此本为底本影印。该本卷首收有三篇序，序一为朱一龙作于隆庆壬申(1572)，序二为庄毓庆作于万历己酉秋(1609)，序三为董应举作于万历己酉秋(1609)。全集分为2卷，上卷为诗，共收诗272题293首，下卷为文，存赋3篇，记7篇，志铭、祭文3篇，启4篇，杂著9篇，行实附5篇。卢琦集庄氏刊本存在如下问题：第一，圭斋为欧阳玄的号，欧阳玄有《圭斋文集》，而卢琦《卢圭峰先生集》得名于"圭峰则其所居之山，取为集名者"(董应举序)，故此集名虽只是一字之差，却失之千里;该本前序朱一龙作《卢圭峰先生文集序》，董应举作《卢圭峰集序》，只有庄毓庆作《卢圭斋先生文集序》，故卢琦集误题为《圭斋先生集》似应自庄毓庆始。第二，庄氏刻本虽然比洪武刊本多248首诗，但目前我们在《圭斋(峰)先生集》中清查出的重复见于两位作者名下的诗歌：萨都剌(102首)，陈旅(1首)，汪克宽(1首)，叶正甫妻镏氏(1首)，石象之、张彦伦、同恕多人互见(1首)，均出于庄氏刻本新增加的这248首中。而且据我们对其中重复见于两位作者名下诗歌的清点，《圭斋(峰)先生集》收录与萨都剌互见的诗中，有明显作伪痕迹的诗多达16首左右，因此这248首文献来源不明的诗需要一一鉴别。第三，庄毓庆序说该本底本是"始得故大参朱于田公所裒录,即元孙伯延、陈诚中所编圭峰集,欲锓未就者也。"这个说法与孙伯延《立斋卢先生文集后语》中说此本的底本为"即元陈诚中所编圭峰集,欲锓未就者也"一致。而朱一龙序载,此本"乃元陈诚中所编,为圭峰集与公之子昺所次为平阳集,欲锓梓而未就者"。公子昺之《平阳集》未见,故来源不明。据董应举序载,"庄征甫得之于用朱大参家,而犹病其杂也,则使庄吴二山人损焉,以授我,又令我损焉以传,盖存者仅十五六,而古风独全"。庄氏刊本卷上,在"圭斋卢先生集"左下方作者署名处,写道:元锦田卢琦希韩著,乡后学三山董应举崇相、陈勋元凯、邑人朱一龙于田、吴天成德浑、庄明镇静甫、庄毓庆徵甫全选。这个"选"字,似应与董应举序中所说的"损"同义。元陈诚中所编圭峰集只有从洪武刊本影写7卷本《卢圭峰先生集》传世,公子昺之《平阳集》未见,董应举对庄氏刻本底本的上述叙述,未见旁证。故庄氏刊本的底本究竟是什么本子,尚有待发现新的证据。但有一点可以肯定即传世卢琦集之杂伪始见于明万历庄氏刊本。

其次,从萨都剌和卢琦集版本刊刻的背景和流传情况分析。明代印刷业获得高度发展,印刷业的进步对保存古代文献、促进文化发展起到了重要的作用。但印刷业的普及也为明代商业意识越来越强的书商们作伪谋利创造了便利的条件。明人郎瑛在他的《七修类稿》卷45"事物类""书册"中说,"我朝太平日久,旧书多出,此大幸也。亦惜为福建书坊所坏。盖闽专以货利为计,但遇各省所刻好书,闻价高即便翻刊,卷数目录相同,而于篇中多所减去,使人不知,故一部止货半部之价,人争购之"。这种造伪现象至明中叶以后,越来越严重。如顾炎武在《日知录》中指出:"万历间人多好改窜古书,人心之邪,风气之变自此而始。"如郎瑛描述的,对销量好的集子暗中加以删削,通过降低成本与价格谋利,是书商通过作伪获利的一种手段;将有些存录作品较少的作家集子中加入其他人的作品,以"全本""足本"为诱饵促销获利,是书商作伪获利的另一种手段,明人曾用这个办法大量伪造唐人集子可以为证。据孙伯延的说法,卢琦集在明洪武时已编成集,但这个集子的流传情况尚不清楚。卢琦集万历本采用的底本,庄毓庆与朱一龙的说法并不一致。董应举序说这个底本很杂,编选者做了大量删削工作,"盖存者仅十五六",没有旁证证明。也许这个删削工作也如《圭峰集》(四库全书本)一样,只是在序中提到,而实际并没有作。如果是这样,那么我们今天见到的万历本卢琦集就是庄毓庆"病其杂也"的那个底本原样。卢琦集万历本刊刻的时间正好是明人作伪最严重的时期,卢琦是福建人,为他刻书作序的也都是他的同乡,因此他的集子很可能刊印于福建当地。而萨都刺集子《雁门集》(成化本)虽有版本作伪问题,但《萨天锡诗集》流传有序。还有关键一点,即在刊刻时间上,萨都刺的集子比卢琦集万历本刊刻时间早一百余年,联系卢琦集万历本编刻、流传的时代背景及该集的种种疏漏,两人的互见诗应如前人指出的,很可能是后来刊刻卢琦集的书商以混入大量萨都刺诗歌这种作伪手段借以谋利所致。

再次,据我们清查,卢琦集误收萨都刺诗中约有 16 首带有较明显的作伪痕迹。又由于卢琦集中收录与萨都刺的互见诗绝大多数是几首、十几首甚至几十首连续出现,所以这些又都可作为论据,证明前人之论。当然因卢琦长期在福建为官,萨都刺也在福建做过官,两人又有诗歌唱和,卢琦作有《草萍驿和萨天锡》,所以两人诗歌互相误录的可能性也不能完全排除。但从我们对重复见于两位作者名下的诗歌一一考证所得的结果看,在这些互见诗中,尚未发现有可靠证据能证明是卢琦的诗作。因此似可推断,两人互见诗似应是萨都刺所作。

如上所述,萨都刺的后裔萨龙光倾注心血和精力编成了《雁门集》14 卷,但这部诗集在尽可能全面搜集萨都刺诗歌的同时,因编订者态度不够审慎,加之条件所限,将自己作为文献来源诗集中的重复见于其他作者名下的诗歌也一并收入,造成《雁门集》14 卷中混入不少其他作者作品的事实。具体情况是:《萨天锡诗集》(弘治本)现共查出重复见于其他作者名下的诗歌 136 首(其中有 2 首为 3 人互见),其中与卢琦的互见诗 98 首,136 - 98 = 38 首。《雁门集》(成化本)共存诗 483 首,其中未见于李举本的诗歌 221 首,除去与卢琦的互见诗,在这 221 首诗

·欧·亚·历·史·文·化·文·库·

图 6 - 2　上海古籍出版社出版萨龙光编《雁门集》点校本

中,我们查出重复见于其他作者名下的诗歌 17 首。除了这 38 + 17 = 55 首重复见于其他作者名下的诗歌,全部被萨龙光收入《雁门集》,萨龙光辑佚增收了 33 首诗歌,我们查出其中有 10 首诗歌又重复见于其他作者名下。这样除了与卢琦的互见诗,萨龙光《雁门集》中共收入重复见于他人名下的诗歌 55 + 10 = 65 首。其中《石夫人》这首诗歌见于 8 位作者名下,有唐代的白居易,宋代的王十鹏、詹会龙,元代的萨都剌、杨维桢、明代的钱福、高友玑和秦鸣雷。《凌波曲》《鹤骨笛》等诗歌有五位作者著录。此外这些重复见于多位作者名下的诗歌,主要是重复见于两位或三位作者名下的诗歌,这些诗歌究竟作者是萨都剌还是其他人,可参看段海蓉著《萨都剌文献考辨》。

1993 年山西古籍出版社出版了《永和本萨天锡逸诗》,这是流传于日本的一种萨都剌诗歌选集版本,刊行于明治乙巳年(1905),其依据的底本是日本北朝后圆融院天皇永和丙辰年刻本。永和丙辰,相当于明太祖朱元璋洪武九年(1376)。从刊刻时间讲,该集底本是现存萨都剌诗集中刊刻时间最早的一种本子。据李佩伦先生清查,该集收七律 138 首、七绝 3 首、五绝 1 首,共 142 首诗歌,后附有僧释疏文 7 篇。因该集中存录的 89 首诗歌未见于萨龙光编注的《雁门集》,因此该版本诗集辑佚的作用显得格外突出。可是杨镰先生在《永和本萨天锡逸诗》存录的 62 首七律咏物诗中,查出有 58 首诗都是重复见于其他作者名下的诗歌,在杨镰先生查证的基础上,我们又查出其中的《佳人手》是宋人的诗歌,《西京春月》又见于揭傒斯名

图 6 - 3　山西古籍出版社出版《永和本萨天锡逸诗》

下。其中《佳人手》是一首七律咏物诗,这样《永和本萨天锡逸诗》共存录的62首七律咏物诗中,除了《米雪》已见于萨都剌集,其余61首佚诗中,竟有59首都是重复见于其他作者名下的诗歌,而且其中大部分是见于萨都剌、谢宗可和何孟舒三位作者名下。

萨都剌传世作品中存在大量重复见于其他作者名下诗歌的现象,在文学史上也是不多见的现象,无论造成这种现象的原因是什么,在了解、研究萨都剌时,我们首先需要确定哪些是萨都剌真正的作品。如果误将他人作品读作萨都剌的作品,我们的了解或者研究就都会产生错误。《全元诗》的出版,已经为我们解决了这个问题,《全元诗·萨都剌》部分,对萨都剌名下又重复见于他人名下的诗歌一一注出,可为读者、研究者提供基础阅读的质量保证。

7　结语

> 一时人物风尘外，千古英雄草莽间。
>
> 《台山怀古》

　　这是元代诗人萨都剌怀古诗的名句，更是元代诗歌的警策之句，它蕴含了诗人对历史人物命运的深深思考，也隐含着萨都剌对自己命运的深深忧患。

　　萨都剌是元代色目人中的人物，更是当时诗坛的英杰。他虽以回回的身份跻身于用汉语写作的作家群，却能拔萃于其中，显然，非汉族出身的文化背景非但没有成为他用汉语写作的障碍，相反却成了滋养他创作的温床。虞集说"而进士萨天锡者，最长于情，流丽清婉，作者皆爱之"，杨维桢说"天锡诗风流俊爽，修本朝家范"，《宫词》《芙蓉曲》，"虽王建、张籍无以过矣"。从这两段出自元代一流诗人之口的称赞中，我们不难推想出萨都剌在元代诗坛的地位及影响。英雄人物的行迹理当被载入史册，可这位诗坛英杰的命运却与他被盛扬的诗才、诗名形成了巨大的反差。他虽举进士，又属色目人种，却一生官沉下僚，而且《元史》无传，生平不见碑传，关于他的生平，几乎一切关键资料都有异说；他的诗才在当时屡被引称，诗歌在民间广为流传，可其诗集元刊本未见，明清人刊刻编选的传世诗集中，均有大量作品重复见于其他作者名下，直到目前，仍然没有一部真正排除了混编入他人作品的萨都剌作品集，而且他还有不少作品散落在其传世诗集之外的文献中。

　　落迹于"草莽"的诗坛英杰——萨都剌成了元代诗人中的一个谜团，更多谜底也许能在新发现的文献中揭露，还有一些将永远尘封在历史的迷雾之中了。

参考文献

集部

〔元〕萨都剌. 雁门集:8 卷本. 明成化二十年(1484)张习刻本.

〔元〕萨都剌. 萨天锡诗集. 四部丛刊影印明弘治十六年(1503)李举刻本.

〔元〕萨都剌. 萨天锡诗集. 影印明汲古阁毛晋编《元人十种诗》本//海王邨古籍丛刊. 北京:中国书店,1990.

〔元〕萨都剌. 天锡雁门集//顾嗣立,编. 元诗选. 北京:中华书局,1987.

〔元〕萨都剌. 雁门集. 萨龙光,编注. 殷孟伦,朱广祁,点校. 上海:上海古籍出版社,1982.

〔元〕萨都剌. 永和本萨天锡逸诗. 李佩伦,校注. 太原:山西古籍出版社,1993.

〔元〕朱右. 白云稿//全元文:第 5 册. 南京:凤凰出版社,2004.

〔元〕胡助. 纯白斋类稿. 丛书集成初编第 2090 册.

〔元〕傅与砺. 傅与砺诗集. 嘉业堂丛书.

〔元〕卢琦. 圭斋(峰)先生集//北京图书馆古籍珍本丛刊. 影印明万历庄氏刻本. 北京:书目文献出版社,1987.

〔元〕廼贤. 金台集//元人十种诗. 北京:中国书店,1990.

〔元〕戴良. 九灵山房集. 四部丛刊初编本.

〔元〕张雨. 句曲外史集//海王邨古籍丛刊. 影印明汲古阁毛晋编《元人十种诗》本. 北京:中国书店,1990.

〔元〕张雨. 句曲外史贞居先生诗集. 四部丛刊影印景写元徐达左刊本.

〔元〕岑安卿.栲栳山人诗集.影印文渊阁四库全书第 1215 册.

〔元〕李孝光.李五峰集.永嘉诗人祠堂丛刻本.

〔元〕释大䜣.蒲室集.影印文渊阁四库全书本.

〔元〕贝琼.清江贝先生集.四部丛刊初编本.

〔元〕马祖常.石田先生文集.后至元五年(1339)扬州路儒学刊本.

〔元〕王祎.王忠文公文集.北京图书馆古籍珍本丛刊影印本.北京:书目文献出版社,1989.

〔元〕程端礼.畏斋集∥四明丛书:第 2 册.扬州:广陵书社,2006.

〔元〕郑真.荥阳外史集.影印文渊阁四库全书第 1234 册.

〔元〕刘仁本.羽庭集.影印文渊阁四库全书第 1216 册.

〔元〕张翥.张蜕庵诗集.四部丛刊影印常熟瞿氏铁琴铜剑楼藏明刊本.

〔元〕苏天爵.滋溪文稿.陈高华,孟繁清,点校.北京:中华书局,1997.

〔元〕张仲深.子渊诗集.影印文渊阁四库全书.

〔元〕顾瑛.草堂雅集.陶湘涉园刻本.

〔元〕杨维桢.西湖竹枝集.武林掌故丛编本.扬州:江苏广陵古籍刻印社,1985.

史部

〔宋〕祝穆.方舆胜览.祝洙,增订.施和金,点校.北京:中华书局,2003.

〔宋〕梁克家.淳熙三山志.宋元方志丛刊影印明崇祯十一年(1638)刻本.北京:中华书局,1990.

〔元〕熊梦祥.析津志∥北京图书馆善本组,辑.析津志辑佚.北京:北京古籍出版社,1983.

〔元〕俞希鲁.至顺镇江志.杨积庆,等,校点.江苏古籍出版社,1999.

〔元〕张铉.至正金陵新志∥中国方志丛书.影印元至正四年(1344)刻本.台湾:台湾成文出版公司,1983.

〔明〕宋濂,等.元史.北京:中华书局,1976.

〔明〕李贤,等.大明一统志.西安:三秦出版社影印本,1990.

〔明〕林策,何愈,魏堂.嘉靖萧山县志∥天一阁藏明代方志选刊续编.影印明万历刻本.上海:上海书店,1990.

〔明〕萧良幹,张元忭,等.万历绍兴府志∥中国方志丛书.影印明万历十五年(1587)刊本.台湾:台湾成文出版社,1983.

〔明〕许国诚,高一福.京口三山全志∥中国方志丛书.影印明万历二十八年(1600)刊本.台湾:台湾成文出版社,1983.

〔明〕衷仲孺.武夷山志∥四库存目丛书.影印明崇祯十六年(1643)刻本.

〔明〕吴之鲸.武林梵志∥魏得良,标点.赵一新,总编.杭州佛教文献丛刊.杭州:杭州出版社,2006.

〔明〕徐象梅.两浙名贤录∥北京图书馆古籍珍本丛刊.影印明天启徐氏光碧堂刻本.北京:书目文献出版社,1987.

〔清〕钱谦益.列朝诗集小传.古典文学出版社,1957.

国家图书馆善本金石组.历代石刻史料汇编.北京图书馆出版社,2000.

子部

〔元〕孔齐.至正直记∥庄葳,郭群一,校点.宋元笔记小说大观.上海:上海古籍出版社,2001.

〔元〕陶宗仪.书史会要.上海书店,1984.

〔元〕陶宗仪.辍耕录∥李梦生,校点.宋元小说笔记大观.上海:上海古籍出版社,2001.

〔元〕廼贤.河朔访古记∥周光培,编.历代笔记小说集成:第3册.石家庄:河北教育出版社,1994.

〔明〕徐𤊹.笔精.沈文倬,校注.陈心榕,标点.福州:福建人民出版社,1997.

〔明〕瞿佑.归田诗话∥吴文治,主编.明诗话全编.南京:江苏古籍出版社,1997.

〔明〕郎瑛.七修类稿.北京:中华书局,1959.

〔明〕蒋一葵.尧山堂外纪∥四库存目丛书.影印明万历刻本.

〔清〕陈衍.元诗纪事.李梦生,校点.上海:上海古籍出版社,1987.

〔清〕顾炎武.日知录.日知录集释.上海:上海古籍出版社,1985.

现代研究著作(按出版时间排序)

姜一涵.元代奎章阁及奎章人物.台湾:台湾联经事业出版公司,1981.

王德毅,李荣村,潘柏澄.元人传记资料索引.北京:中华书局,1987.

杨镰,石晓奇,栾睿.元曲家薛昂夫.乌鲁木齐:新疆人民出版社,1992.

杨镰.元西域诗人群体研究.乌鲁木齐:新疆人民出版社,1998.

修晓波.色目商人.北京:北京图书馆出版社,1998.

史卫民.元代军事史.北京:军事科学出版社,1998.

陈垣.元西域人华化考∥陈智超,导读.蓬莱阁丛书.上海:上海古籍出版社,2000.

陈高华,史卫民.中国风俗通史:元代卷.上海:上海文艺出版社,2001.

马建春.元代东迁西域人及其文化研究.北京:民族出版社,2003.

陈高华.元代诗人廼贤生平事迹考∥元史研究新论.上海:上海社会科学院出版社,2005.

杨镰.元代文学编年史.太原:山西教育出版社,2005.

朱耀廷.正说元朝十五帝.北京:中华书局,2006.

余来明.中国文学编年史:元代卷.长沙:湖南人民出版社,2006.

陈高华.中国经济通史:元代经济卷.北京:中国社会科学出版社,2007.

陈高华,史卫民.元代大都上都研究.北京:中国人民大学出版社,2010.

陈高华.元朝史事新证.兰州:兰州大学出版社,2010.

姚大力.蒙元制度与政治文化.北京:北京大学出版社,2011.

杨镰.全元诗·萨都剌.北京:中华书局,2013.

论文(按发表时间排序)

潘伯澄.萨都剌生年考略.史原,1979(9).

李佩伦.论永和本萨天锡逸诗.中央民族学院学报,1992(4).

桂栖鹏.萨都剌卒年考——兼论干文传《雁门集序》为伪作.文学遗产,1993(5).

萧启庆.元色目文人金哈剌及其《南游寓兴诗集》.汉学研究.1995,13(2).

萨兆沩.一位蒙古族化的色目诗人萨都剌.北京社会科学,1997(1)

杨镰.元佚诗研究.文学遗产,1997(3).

陈扬桂.毛泽东喜欢萨都剌的诗词.民族论坛,1998(6).

刘再华.明人伪造唐集与明代诗风.中国韵文学刊,1999(2).

段海蓉.元末江南士人在大都的活动——以廼贤为例.中国文化研究,2009(4).

马婷婷.水上"唐诗之路"研究.2011年硕士论文.

索　引

A

答失蛮　　1,14,33,49,50

大都

7,15,17,22,26,28 - 30,35,40,
43,46,61,63 - 66,75,77,79 -
81,85,87,88,91,96,98 - 101,
103 - 105,107,129,132,139 -
141,143,145,147,164,165

G

干文传　　7,21,23,57,165

葛逻禄

35, 43, 46, 55, 96, 106, 137 -
139,143

观音奴　　1,69,89

贯云石　　24,132

H

回纥　　13,14

回鹘　　12,13,47,123,128

回回

1,11 - 17,19 - 21,46 - 49,53 -
55,123,137,160

J

江南

1,12,15,22,25 - 32,35,36,40,
43,44,53,55,57,60 - 62,66,
69,71,75 - 81,87 - 90,93,94,
96,99 - 101,104,108,110,111,
113, 114, 116, 118, 121 - 123,
125, 130 - 136, 139, 142, 143,
145,151,165

金哈刺

54,55,140,141,143 - 147,165

经世大典

32,39 - 41,61,67,99,100,132

K

科举

7,12,22,28,29,32,34,35,37,
42,45,46,50 - 52,56,97,117,
144,148

奎章阁

30,32,35,38 - 41,55,61,67,
99 - 101,132,164

167

欧亚历史文化文库

已经出版

林悟殊著:《中古夷教华化丛考》　　　　　　　定价:66.00 元

赵俪生著:《弇兹集》　　　　　　　　　　　　定价:69.00 元

华喆著:《阴山鸣镝——匈奴在北方草原上的兴衰》　定价:48.00 元

杨军编著:《走向陌生的地方——内陆欧亚移民史话》　定价:38.00 元

贺菊莲著:《天山家宴——西域饮食文化纵横谈》　定价:64.00 元

陈鹏著:《路途漫漫丝貂情——明清东北亚丝绸之路研究》

　　　　　　　　　　　　　　　　　　　　　　定价:62.00 元

王颋著:《内陆亚洲史地求索》　　　　　　　　定价:83.00 元

〔日〕堀敏一著,韩昇、刘建英编译:《隋唐帝国与东亚》　定价:38.00 元

〔印度〕艾哈默得·辛哈著,周翔翼译,徐百永校:《入藏四年》

　　　　　　　　　　　　　　　　　　　　　　定价:35.00 元

〔意〕伯戴克著,张云译:《中部西藏与蒙古人

　　——元代西藏历史》(增订本)　　　　　　定价:38.00 元

陈高华著:《元朝史事新证》　　　　　　　　　定价:74.00 元

王永兴著:《唐代经营西北研究》　　　　　　　定价:94.00 元

王炳华著:《西域考古文存》　　　　　　　　　定价:108.00 元

李健才著:《东北亚史地论集》　　　　　　　　定价:73.00 元

孟凡人著:《新疆考古论集》　　　　　　　　　定价:98.00 元

周伟洲著:《藏史论考》　　　　　　　　　　　定价:55.00 元

刘文锁著:《丝绸之路——内陆欧亚考古与历史》　定价:88.00 元

张博泉著:《甫白文存》　　　　　　　　　　　定价:62.00 元

孙玉良著:《史林遗痕》　　　　　　　　　　　定价:85.00 元

马健著:《匈奴葬仪的考古学探索》　　　　　　定价:76.00 元

〔俄〕柯兹洛夫著,王希隆、丁淑琴译:

　　《蒙古、安多和死城哈喇浩特》(完整版)　　定价:82.00 元

乌云高娃著:《元朝与高丽关系研究》　　　　　定价:67.00 元

杨军著:《夫余史研究》　　　　　　　　　　　定价:40.00 元

·欧·亚·历·史·文·化·文·库·

梁俊艳著:《英国与中国西藏(1774—1904)》 定价:88.00 元

〔乌兹别克斯坦〕艾哈迈多夫著,陈远光译:

　《16—18 世纪中亚历史地理文献》(修订版) 定价:85.00 元

成一农著:《空间与形态——三至七世纪中国历史城市地理研究》

　　　　　　　　　　　　　　　　　　　　定价:76.00 元

杨铭著:《唐代吐蕃与西北民族关系史研究》 定价:86.00 元

殷小平著:《元代也里可温考述》 定价:50.00 元

耿世民著:《西域文史论稿》 定价:100.00 元

殷晴著:《丝绸之路经济史研究》 定价:135.00 元(上、下册)

余大钧译:《北方民族史与蒙古史译文集》 定价:160.00 元(上、下册)

韩儒林著:《蒙元史与内陆亚洲史研究》 定价:58.00 元

〔美〕查尔斯·林霍尔姆著,张士东、杨军译:

　《伊斯兰中东——传统与变迁》 定价:88.00 元

〔美〕J. G. 马勒著,王欣译:《唐代塑像中的西域人》 定价:58.00 元

顾世宝:《蒙元时代的蒙古族文学家》 定价:42.00 元

杨铭编:《国外敦煌学、藏学研究——翻译与评述》 定价:78.00 元

牛汝极等著:《新疆文化的现代化转向》 定价:76.00 元

周伟洲著:《西域史地论集》 定价:82.00 元

周晶著:《纷扰的雪山——20 世纪前半叶西藏社会生活研究》

　　　　　　　　　　　　　　　　　　　　定价:75.00 元

蓝琪著:《16—19 世纪中亚各国与俄国关系论述》 定价:58.00 元

许序雅著:《唐朝与中亚九姓胡关系史研究》 定价:65.00 元

汪受宽著:《骊靬梦断——古罗马军团东归伪史辨识》 定价:96.00 元

刘雪飞著:《上古欧洲斯基泰文化巡礼》 定价:32.00 元

〔俄〕Т. Б. 巴尔采娃著,张良仁、李明华译:

　《斯基泰时期的有色金属加工业——第聂伯河左岸森林草原带》

　　　　　　　　　　　　　　　　　　　　定价:44.00 元

叶德荣著:《汉晋胡汉佛教论稿》 定价:60.00 元

王颋著:《内陆亚洲史地求索(续)》 定价:86.00 元

尚永琪著:

　《胡僧东来——汉唐时期的佛经翻译家和传播人》 定价:52.00 元

桂宝丽著:《可萨突厥》 定价:30.00 元

篠原典生著:《西天伽蓝记》 定价:48.00 元

〔德〕施林洛甫著,刘震、孟瑜译:
　《叙事和图画——欧洲和印度艺术中的情节展现》 定价:35.00 元

马小鹤著:《光明的使者——摩尼和摩尼教》 定价:120.00 元

李鸣飞著:《蒙元时期的宗教变迁》 定价:54.00 元

〔苏联〕伊·亚·兹拉特金著,马曼丽译:
　《准噶尔汗国史》(修订版) 定价:86.00 元

〔苏联〕巴托尔德著,张丽译:《中亚历史——巴托尔德文集
　第 2 卷第 1 册第 1 部分》 定价:200.00 元(上、下册)

〔俄〕格·尼·波塔宁著,〔苏联〕В.В.奥布鲁切夫编,吴吉康、吴立珺译:
　《蒙古纪行》 定价:96.00 元

张文德著:《朝贡与入附——明代西域人来华研究》 定价:52.00 元

张小贵著:《祆教史考论与述评》 定价:55.00 元

〔苏联〕К.А.阿奇舍夫、Г.А.库沙耶夫著,孙危译:
　《伊犁河流域塞人和乌孙的古代文明》 定价:60.00 元

陈明著:《文本与语言——出土文献与早期佛经词汇研究》

定价:78.00 元

李映洲著:《敦煌壁画艺术论》 定价:148.00 元(上、下册)

杜斗城著:《杜撰集》 定价:108.00 元

芮传明著:《内陆欧亚风云录》 定价:48.00 元

徐文堪著:《欧亚大陆语言及其研究说略》 定价:54.00 元

刘迎胜著:《小儿锦研究》(一、二、三) 定价:300.00 元

郑炳林著:《敦煌占卜文献叙录》 定价:60.00 元

许全胜著:《黑鞑事略校注》 定价:66.00 元

段海蓉著:《萨都剌传》 定价:35.00 元

敬请期待

贾丛江著:《汉代西域汉人和汉文化》

王永兴著:《敦煌吐鲁番出土唐代军事文书考释》

薛宗正著:《汉唐西域史汇考》

徐文堪编:《梅维恒内陆欧亚研究文选》

李锦绣编:《20 世纪内陆欧亚历史文化研究论文选粹》

李锦绣、余太山编:《古代内陆欧亚史纲》

·欧·亚·历·史·文·化·文·库·

李锦绣著:《裴矩〈西域图记〉辑考》

李艳玲著:《田作畜牧
　　——公元前 2 世纪至公元 7 世纪前期西域绿洲农业研究》

许全胜、刘震编:《内陆欧亚历史语言论集——徐文堪先生古稀纪念》

张小贵编:《三夷教论集——林悟殊先生古稀纪念》

李鸣飞著:《横跨欧亚——中世纪旅行者眼中的世界》

杨林坤著:《西风万里交河道——明代西域丝路上的使者与商旅》

林悟殊著:《华化摩尼教补说》

王媛媛著:《摩尼教艺术及其华化考述》

李花子著:《长白山踏查记》

芮传明著:《摩尼教敦煌吐鲁番文书校注与译释研究》

马小鹤著:《霞浦文书研究》

〔德〕梅塔著,刘震译:《从弃绝到解脱》

郭物著:《欧亚游牧社会的重器——鍑》

王邦维著:《华梵问学集》

李锦绣著:《北阿富汗的巴克特里亚文献》

孙昊著:《辽代女真社会研究》

赵现海著:《长城时代的开启
　　——长城社会史视野下明中期榆林长城修筑研究》

华喆著:《帝国的背影——公元 14 世纪以后的蒙古》

杨建新著:《民族边疆论集》

王永兴著:《唐代土地制度研究——以敦煌吐鲁番田制文书为中心》

〔苏联〕伊·亚·兹拉特金等著,马曼丽、胡尚哲译:
　　《俄蒙关系档案文献集(1607—1654)》

〔俄〕柯兹洛夫著,丁淑琴译:《蒙古与喀木》

马曼丽著:《马曼丽内陆欧亚自选集》

韩中义著:《欧亚与西北研究辑》

刘迎胜著:《蒙元史考论》

尚永琪著:《古代欧亚草原上的马——在汉唐帝国视域内的考察》

石云涛著:《丝绸之路的起源》

青格力等著《内蒙古土默特金氏蒙古家族契约文书整理研究》

尚永琪著:《鸠摩罗什及其时代》

石云涛著:《魏晋南北朝时期的外来文明》

淘宝网邮购地址:http://lzup.taobao.com